D0868330

Alice Bota, Khuê Pham, Özlem Topçu

Wir neuen Deutschen

Wer wir sind, was wir wollen

Rowohlt

3. Auflage Februar 2014
Copyright © 2012 by Rowohlt Verlag GmbH,
Reinbek bei Hamburg
Alle Rechte vorbehalten
Satz aus der Haarlemmer und Avenir PostScript
bei Dörlemann Satz, Lemförde
Druck und Bindung CPI books GmbH, Leck
Printed in Germany
ISBN 978 3 498 00673 0

Das für dieses Buch verwendete FSC®-zertifizierte Papier
Munkenprint Cream liefert Arctic Paper Munkedals, Schweden.

Inhalt

I. Eigentlich ganz schön hier

Wir finden, dass es sich verdammt gut lebt in diesem Land, von dem wir nicht wissen, wie wir es nennen sollen: Heimat? Zuhause? Fremde? Unser Deutschland – oder doch: euer Deutschland?

Wir sind hier aufgewachsen, wir haben hier Deutsch gelernt, sind hier zur Schule gegangen und haben uns an den Wohlstand gewöhnt, der uns immer dann bewusst wurde, wenn wir die Kargheit in der Heimat unserer Eltern sahen; wenn wir Verwandte besuchten und unsere Eltern ihnen Geld gaben oder Geschenke aus Deutschland mitbrachten. Wir sahen unser Spielzeug, das vielleicht nicht so schön war wie das von deutschen Kindern, aber wenn wir es mit dem unserer Cousins und Cousinen in Polen, Vietnam oder in der Türkei verglichen, spürten wir: Ganz gleich, wie arm oder reich unsere Familien waren, in unseren Leben gab es keinen wirklichen Mangel. Und keine Angst, zumindest nicht solch eine, wie wir sie bei unseren Verwandten ahnten: weil sie kaum genug zum Leben verdienten, weil bei ihnen die Lebensmittel knapp waren, weil sie nicht frei ihre Meinung sagen durften. Wir dagegen fuhren auf Klassenfahrt, jobbten nach der Schule im Altenheim, gaben Nachhilfe oder räumten für zehn Mark die Stunde im Supermarkt Regale ein, um unser Taschengeld aufzubessern. Wir waren Heranwachsende in Deutschland.

Ungläubig saßen wir vor dem Fernseher, als die Berliner Mauer fiel und in den Jahren darauf erst in Hoyerswerda, dann in Mölln und Solingen Wohnungen von Ausländern brannten. Wir gingen auf die Straße, Schweigemarsch, Seite an Seite mit Lehrern und Schulfreunden. Mit den Anschlägen fühlten auch wir uns gemeint, weil es Menschen wie uns in diesem Land betraf. Wahrscheinlich wäre es uns nicht in den Sinn gekommen, aus Sorge um Vietnam, die Türkei oder Polen einen Fuß vor die Tür zu setzen. Wenn die Verwandten bei ihren seltenen Besuchen oder den kostbaren Telefonaten davon erzählten, was daheim in der Ferne passierte, dann hörten wir uns diese Geschichten an, nahmen sie zur Kenntnis. Aber sie waren weit weg von unserem Alltag.

Erst sehr viel später verstanden wir, dass es einen großen Unterschied macht, ob man Heranwachsender in Deutschland ist oder deutscher Heranwachsender.

Spätestens wenn wir nach der Schule heimgingen und die Türschwelle überschritten, kehrten wir zurück in die Fremde, die sich vertraut anfühlte. Es lief irgendein türkischer Fernsehsender, Polnisch oder Vietnamesisch erklang aus der Küche, und abends baten uns die Eltern, ihre Briefe auf Fehler durchzusehen. Daheim erlebten wir eine andere Welt als tagsüber in der Schule. Unser Zuhause war nicht deutsch, unsere Familien waren nicht deutsch. Wir waren anders, weil unsere Eltern, ihre Leben und ihre Sorgen anders waren als die der Familien unserer Mitschüler.

Das alles wussten wir, aber wir können uns nicht mehr

daran erinnern, wann es begann, eine Rolle zu spielen, das Anderssein. Über die Jahre schlich sich dieses Gefühl ein, weil jede von uns irgendwann Geschichten erlebt hat, die bloßlegten, wer in Deutschland als fremd gilt und was es heißt, fremd zu sein. Meistens traf es unsere Eltern. Da wurde die türkische Mutter in einem Geschäft nicht bedient, weil sie gebrochenes Deutsch sprach. Da sagte ein Kollege zu dem polnischen Vater, er würde am liebsten die ganzen Polacken und Russen über den Haufen schießen, weil sie den Deutschen die Arbeitsplätze wegnähmen. Da sagte der Lehrer, als es Ärger in der Schule gab, es solle doch der Elternteil anrufen, der besser Deutsch spreche; man habe keine Lust, sich abzumühen. Dabei sprachen beide Deutsch, nur eben mit diesem fremden Akzent.

Unsere Eltern hielten sich nicht lange mit solchen Bemerkungen auf, sie gaben sich unempfindlich. Wir aber speicherten diese Beweise der Ausgrenzung in unseren Köpfen ab. In kleinen Mengen tropften sie über die Jahre in unsere Leben und ließen ein Gefühl der Entfremdung wachsen. Noch heute hören wir, Migranten sei Bildung nicht wichtig, Türken seien rückständig, nicht integrierbar, und die billige polnische Putzfrau könne man sich bald nicht mehr leisten, so teuer sei sie geworden. Mittlerweile sind wir nur noch selten persönlich gemeint, aber in diesen Geschichten schwingt eine Ablehnung mit, die auch uns trifft. Es fällt uns schwer, sie zu vergessen und einfach beiseitezulegen.

Als Jugendliche schämten wir uns manchmal für unser Anderssein, und auf die Scham folgte Wut. Wenn wir die Sticheleien hörten, hätten wir uns am liebsten irgendwie gewehrt, am besten eine wahnsinnig kluge Antwort in perfektem Hochdeutsch gegeben, die den anderen noch lange in den Ohren nachklingen würde. Stattdessen hielten wir irritiert den Mund, wenn uns jemand sagte, *dafür* spreche man wirklich gut Deutsch.

Heute sind wir jene, von denen die anderen sagen, dass sie es geschafft haben: jung, weiblich, Kinder von Ausländern und trotzdem Redakteurinnen bei einer großen Zeitung. Und dennoch trauen wir unseren Biographien nicht, dennoch fühlen wir, dass wir nicht Teil des Ganzen sind.

Nicht Ausländer, nicht Deutsche

Nach und nach haben wir begriffen, dass wir trotz aller Anstrengungen immer anders bleiben werden. Deutsche hinterfragen vielleicht dieses Land, diese Gesellschaft, so wie wir auch. Vielleicht plädieren sie dafür, Menschen anderer Hautfarbe und anderer Herkunft gleich zu behandeln, so wie wir auch. Aber sie sind nicht diese Menschen – wir sind es. Wir sind die, bei denen nicht klar ist, ob sie hierhergehören: ob wir die Sprache gut genug sprechen, die Regeln gut genug kennen; ob wir die deutsche Geschichte als die unsere ansehen und die Werte dieser Gesellschaft verinnerlicht haben. Die Deutschen fühlen mit ihrem Herzen, dass sie von hier kommen und hierhergehören. Wir wissen es nur mit unserem Verstand. Und so kommen wir uns manchmal wie Hochstapler vor, wenn wir versuchen, unsere deutschen Leben zu führen.

Wir sind zwar anders als unsere Eltern: Unsere Geschichte ist eine andere, unsere Werte und unsere Vorstellungen vom Leben in Deutschland auch. Sie sind die Ausländer, nicht wir. Aber Deutsche sind wir deshalb noch lange nicht. Was sind wir eigentlich? Was wollen wir sein?

Unsere Biographien sind sperrige Hybriden, die für Eindeutigkeiten nicht taugen. Khuê Pham mag ein vietnamesischer Name sein und Özlem Topçu ein türkischer, aber weder ist die eine Vietnamesin noch die andere Türkin. Beide wurden in Deutschland geboren; die eine wuchs hier auf, die andere lebte lediglich als Kind für drei Jahre in der Türkei. Der Name Alice Bota klingt deutsch, aber er hat diesen Klang erst angenommen, als aus einer Alicja eine Alice gemacht wurde. Sie kam als Achtjährige nach Deutschland, als Einzige von uns dreien besitzt sie zwei Pässe. Khuê Pham stammt aus einer aufgestiegenen Bildungsbürgerfamilie, Özlem Topçu ist ein Arbeiterkind und hat als Erste in der Familie studiert; Alice Bota hat erlebt, wie ihre Akademikereltern in Deutschland wieder von vorn anfangen mussten. Unsere größte festzustellende Gemeinsamkeit: Wir haben einen Migrationshintergrund.

Es ist ein merkwürdiges Wortungetüm. Die deutsche Verwaltung hat es vor einigen Jahren eingeführt, um Ordnung zu schaffen, weil die Dinge unübersichtlich geworden sind. Weil in Deutschland Eingebürgerte leben, die bleiben möchten; Ausländer, die womöglich wieder gehen wollen; weil sie Kinder haben, von denen einige einen bundesrepublikanischen Pass haben und andere nicht. Das Wort verrät sich selbst: Es versucht eine Definition, die offenbart, wie vage das Konzept von Deutsch-Sein und Nicht-deutsch-Sein ist.

Auch wir wissen nicht, wie die richtige Bezeichnung lauten könnte: Ein-bisschen-Deutsche? Deutsche mit Verwandten und einem zweiten Leben im Ausland? Wir sind uns nicht einmal einig darüber, ob es überhaupt eine solche Definition braucht. Doch wir wissen, dass ein statistisches Merkmal wie «Migrationshintergrund» nicht viel über einen Menschen verrät. Wir sind Musliminnen, Katholikinnen, Atheistinnen; wir sind Schwestern, Töchter, Ehefrauen, wir kommen aus unterschiedlichen Städten, wir haben unterschiedliche Interessen, und für die Zukunft stellt sich jede von uns etwas anderes vor. Nur eines kommt uns nicht in den Sinn: zurückzukehren in ein ominöses Heimatland. Denn das haben wir nicht. Wir sind hier daheim.

Wer bestimmt, wer zu dieser Gesellschaft gehört, wer definiert, was deutsch ist? Es sind von jeher jene, die in den Institutionen, den Redaktionen, den Vorständen oder der Regierung sitzen. Männer wie der frühere Bundesinnenminister Otto Schily, der vor zehn Jahren sagte, die beste Integration sei Assimilation, und dafür eine Menge Beifall bekam. Doch jetzt wollen wir, die mit dieser Aussage gemeint sind, selbst benennen, wer wir sind. Und was deutsch ist. Wir, Kinder von Ausländern, groß geworden in einem bundesrepublikanischen Leben, herumgekommen in einem geeinten Europa nach 1989, suchen Worte für ein Selbstverständnis, das nicht ganz einfach zu finden ist.

Uns fällt die Bezeichnung «neue Deutsche» ein.

Es ist kein Pass, der jemanden zum neuen Deutschen macht, es ist nicht sein Erfolg oder das Ergebnis eines Einbürgerungstests – es ist ein Selbstbewusstsein, das wir genährt haben aus Wut und Stolz. Wut, weil wir das Gefühl haben, außen vor zu bleiben; weil es ein deutsches *Wir* gibt, das *uns* ausgrenzt. Und Stolz, weil wir irgendwann beschlossen haben, unsere eigene Identität zu betonen. Sie einzubringen. Ohne danach zu suchen, haben wir dieses Gefühl, diesen Begriff bei anderen gefunden, denen wir begegnet sind. Harris, Sohn einer deutschen Mutter und eines schwarzen Amerikaners, Rapper, hat sich selbst zum neuen deutschen Patrioten erklärt. Naika Foroutan,

Soziologin, deutsche Mutter, iranischer Vater, benutzt den Begriff, um in ihrer Forschung die neuen Deutschen von den alteingesessenen zu unterscheiden. Es gibt viele andere, die sich intuitiv so nennen. Unsere Gleichung ist einfach: Wir sind Teil dieser Gesellschaft. Wir sind anders. Also gehört die Andersartigkeit zu dieser deutschen Gesellschaft.

Mehr als 16 Millionen Menschen in Deutschland haben einen Migrationshintergrund. Vielen von ihnen geht es so wie uns: Sie fühlen sich als Deutsche, weil sie hier geboren sind und keine andere Heimat kennen. Oder weil sie beschlossen haben, hier ihre Leben zu verankern. Ihre Biographien, vor allem aber die ihrer Kinder, Migranten der zweiten oder dritten Generation, werden in der deutschen Gesellschaft immer sichtbarer. Sie treten gegeneinander im Finale der Sendung *Deutschland sucht den Superstar* an, die den Spitznamen Migrantenstadl trägt, sie beherrschen die Fußballnationalmannschaft, sie schießen bei der Fußballweltmeisterschaft oft die entscheidenden Tore. Kinder von Migranten repräsentieren Deutschland in der Welt.

Diese bemerkenswerten Geschichten beweisen, dass sich das Land durch die Einwanderung wandelt. Aber noch sind die Erzählungen vom Erfolg Ausnahmen. Wie kommt es, dass in der Unterhaltungsbranche oder beim Fußball gelingt, was in anderen Bereichen bisher nicht funktioniert? Noch immer ist es ungewöhnlich, dass Leute wie wir bei einer großen deutschen Zeitung arbeiten. Sehr wenige neue Deutsche sind in Stiftungen, Verbänden oder DAX-Vorständen vertreten, sehr wenige sitzen im Bundestag, sind Polizisten oder Beamte in Stadtverwaltungen. Noch sind wir neuen Deutschen in der Mitte der Gesellschaft unterrepräsentiert. Aber das wird sich ändern. Wir können nicht außen vor bleiben.

Die Angst vor Veränderung

Vielen fällt es schwer, sich an diese Veränderung zu gewöhnen. Auf der Straße sehen wir Frauen mit Kopftuch, Frauen mit High Heels, Frauen mit Kopftuch und High Heels. Im Alltag westdeutscher Großstädte scheint die Verschiedenheit selbstverständlich. Aber manchmal reicht eine laute Stimme, und eine Art Gegenwut bricht hervor: die Wut jener Menschen, die enttäuscht darüber sind, dass alles anders wird; dass es nicht schnell genug vorangeht mit der Integration; dass die neuen so lange brauchen, um so zu werden wie sie. Sie halten die Integration für gescheitert und sehen es in Büchern wie «Deutschland schafft sich ab» von Thilo Sarrazin endlich ausgesprochen. Wir aber fragen uns: Von was für einer Gesellschaft ist dort eigentlich die Rede? Sarrazins Buch, die Masse an hasserfüllten Blogs im Internet, das Gerede von der deutschen Leitkultur, die Gehört-der-Islam-zu-Deutschland-Diskussion – für uns bietet nichts davon eine positive Vorstellung an von dem, wie unser Deutschland sein könnte. Es kommt uns so vor, als wollte man Leute wie uns einfach nur abwehren. Als gebe es da eine Angst vor Menschen, die wie wir eine andere Herkunft haben.

Wir können uns vorstellen, woher diese Angst kommt. Sind es die Berichte über abgeschottete Viertel wie in Berlin-Neukölln oder Hamburg-Mümmelmannsberg? Über Ehrenmorde und Russenmafia? Diese Geschichten gibt es wirklich. Aber warum fürchten sie gerade diejenigen am meisten, die keine Migranten kennen? Die von den Problemen allenfalls aus den Medien hören? Uns scheint, dass es hier um etwas anderes geht: die Suche nach einem Ventil in unsicheren und globalisierten Zeiten. Menschen sehen ihren Wohlstand und ihre Arbeitsplätze in Gefahr, sagen aber, dass sie sich um die deutschen Werte sorgen. Sie haben Angst vor der Zukunft, sagen aber, dass Migranten den Sozialstaat ausnehmen. Sie fürchten, verdrängt zu werden, sagen aber, dass die deutsche Identität bewahrt werden muss. Viele Deutsche haben Angst, dass das Land, wie sie es kennen, verschwindet. Sich abschafft. Aber Deutschland schafft sich nicht ab. Es ist lebendig und entwickelt sich weiter.

Sicher, wir bedeuten Veränderung. Weil wir hier sind, werfen wir Fragen auf, mit denen sich Deutschland vorher nicht beschäftigen musste. Reicht es, dass nur deutsche Geschichte auf dem Lehrplan steht, oder gehören die polnischen Teilungen und der türkische Völkermord an den Armeniern dazu? Darf eine Lehrerin ein Kopftuch tragen? Und wenn nicht, darf dennoch in Klassenzimmern ein Kruzifix hängen? Darf ein Mädchen dem Schwimmunterricht fernbleiben, weil ihre Eltern es so wollen? Sollten wir zwei Staatsangehörigkeiten besitzen dürfen, oder stellt das unsere Loyalität als deutsche Staatsbürger in Frage? Und funktioniert dieses Verständnis überhaupt noch in der globalisierten Welt? Was bedeutet es eigentlich, sich zu integrieren?

Für uns bedeutet es, hier zu arbeiten, die Sprache zu sprechen, deutsche Freunde und Partner zu haben. Doch es bedeutet eben auch, unseren Glauben zu leben, eines Tages vielleicht unsere Kinder in der Sprache ihrer Großeltern zu erziehen und sich einem weiteren Land verbunden zu fühlen. Die deutsche Einwanderungsgesellschaft ist noch jung, und wir alle ringen darum, wie wir am besten zusammenleben. Auch wir wollen, dass alle Eingewanderten und ihre Kinder Deutsch lernen, damit sie ein unabhängiges, selbstbestimmtes Leben führen können. Auch wir wollen, dass sich Migranten mit dem Grundgesetz und dem Rechtsstaat identifizieren. Aber warum müssen sie deutscher sein als mancher Deutscher? Warum müssen Migranten in Einwanderungstests beantworten können, was am 9. November 1938 in Deutschland geschah oder zu welchem Fest Menschen bunte Kostüme und Masken tragen? Warum wurden bis vor kurzem Muslime in Baden-Württemberg gefragt, ob sie einen homosexuellen Sohn akzeptieren würden? Darf man von einem konservativen Muslim eine Antwort erwarten, die man von einem gläubigen Katholiken aus Bayern nicht verlangen würde? Und wie kann es sein, dass diese Frage von der nächsten Regierung sogleich gestrichen wurde? Müsste das Bekenntnis zu Deutschland und seinen Werten nicht über aller Parteipolitik stehen?

Es gibt Werte, die nicht verhandelbar sind: Freiheit, Demokratie und Rechtsstaatlichkeit gehören dazu. Eine Gesellschaft, die auf diesen Werten beruht, respektiert die Selbstbestimmung der Menschen, auch wenn es nicht allen gefällt, was Einzelne mit ihr anfangen. Sie muss viel aushalten, manchmal muss sie ertragen, was nicht zu ertragen ist. Sie ist nicht von Angst getrieben, sondern von Mut. So eine Gesellschaft akzeptiert, dass Scheitern ein Teil von ihr ist, weil Scheitern immer auch ein Teil des Lebens ist. Und sie fragt danach, warum jemand scheitert, warum ihr jemand entgleitet – und nicht, wann diese Menschen endlich wieder weggehen und wie man sie loswerden könnte. Doch genau das schwingt mit, wenn darüber diskutiert wird, wer zu dieser Gesellschaft gehört und wer nicht. Was für ein Land Deutschland sein will.

Neue Patrioten

Es ist nicht die erste Auseinandersetzung über das deutsche Selbstbild seit 1945. Bisher wurde es in zwei großen Debatten verhandelt. Zuerst diskutierte die Gesellschaft den Umgang mit der nationalsozialistischen Vergangenheit. Sie verständigte sich darüber, wie über bestimmte Themen gesprochen wird: dass die Solidarität mit Israel Staatsräson ist, dass der Holocaust das größte Verbrechen der Menschheit ist, dass die Deutschen nicht unbefangen Stolz für ihr Land empfinden können. Doch der Umgang mit der deutschen Schuld verändert sich, je weiter die Zeit voranschreitet. Auch in Deutschland werden Komödien über Hitler gedreht, und bei der WM 2006 waren die Deutschlandfahnen ausverkauft.

Die zweite große Debatte wurde durch die Wiedervereinigung ausgelöst. Wir waren Kinder, Jugendliche, und erlebten, wie dieses Land auf einmal mächtig wurde, das mächtigste Europas, und wie sich die Deutschen freuten. Aber West und Ost waren sich fremd, die stärkere und reichere Gesellschaft sah auf die schwächere herab. Und irgendwann wurden jene, die noch schwächer waren, Afrikaner, Türken, Vietnamesen, durch die Straßen gejagt. Irgendwann explodierten Molotowcocktails an den Hauswänden von Asylbewerberwohnheimen. Die Zeitungen druckten damals das Foto eines betrunkenen Mannes, der den hässlichen Deutschen zu verkörpern schien. Er stand in einem Deutschlandtrikot vor einem brennenden Asylbewerberwohnheim in Rostock-Lichtenhagen, der Blick glasig, der Arm zum Hitlergruß gereckt, die Hose vollgepisst. Diese Ausländerfeindlichkeit machte uns und unseren Familien Angst. Aber sie ließ auch die Deutschen sich selbst misstrauen, ganz so, als fürchteten sie, dass es ein böses Gen in der DNA dieses Landes gäbe, das sie wieder wüten ließ.

Heute wird wieder über das deutsche Selbstbild verhandelt, aber diesmal ist es auch unsere Debatte. Menschen wie wir, mit Bindestrich-Identitäten, verkörpern ein neues Deutschland und eine neue Haltung zu dem Land. Manche von uns sind sogar Patrioten und denken sich nichts dabei: Bei der WM 2010 hängten zwei Deutsch-Libanesen in Berlin eine 20 Meter große schwarzrotgoldene Fahne aus ihrer Wohnung, die nachts von deutschen Linken abgerissen wurde. Am nächsten Tag kauften die beiden eine neue. Neue Deutsche reisen gern ins Land ihrer Eltern, schreiben darüber Bücher und kehren noch lieber zurück nach Deutschland. Sie verändern das Bild von den Migranten und das von den Deutschen. Manche werden zum Aushängeschild dieser Gesellschaft, die seit kurzem in der Welt den Ruf hat, offen, innovativ und vielfältig zu sein. Der Regisseur Fatih Akin wird bei den Filmfestspielen von Cannes als deutscher Filmemacher gefeiert. Touristen, die nach Berlin reisen, kehren beschwingt zurück, erzählen zu Hause von den Sehenswürdigkeiten, dem Reichstag, dem Holocaust-Mahnmal, aber auch von Stadtteilen wie Kreuzberg und Neukölln, die anders deutsch sind. Sie sehen in Deutschland ein kreatives und lebendiges europäisches Land. Es gibt sie, diese andere Wahrnehmung der Migration in Deutschland.

So, wie einige nostalgisch der Vergangenheit nachhängen und sich ein überschaubares Deutschland mit Bonn als Hauptstadt zurückwünschen, so malen wir uns ein Deutschland der Zukunft aus. Darin gibt es keine Parallelwelten, sondern nur eine Gesellschaft. Das Wort Migrationshintergrund ist aus dem Wortschatz gestrichen, denn die Kinder von Einwanderern werden einfach Deutsche genannt. Manche von ihnen haben die Teilung erlebt, manche hatten einen Großvater im Krieg, und manche haben eine Mutter, die aus Polen stammt. Der eine Deutsche hat auch einen türkischen Pass, die andere Deutsche hat schwarze Haare, und niemand wundert sich darüber. Manche machen Probleme, andere haben Erfolg. Manche sind Straftäter, andere Geschäftsleute, aber niemand würde auf die Idee kommen, die Statistik danach aufzudröseln, wer deutsche Eltern hat und wer ein Kind von Iranern, Vietnamesen, Türken, Polen, Russen oder Arabern ist.

Wir finden, dass es nach einer ziemlich konkreten Utopie klingt. Mit weniger wollen wir uns nicht zufriedengeben.

II. Wer wir sind

Ein Polenkind wird deutsch

Von unserer Ankunft in Westdeutschland gibt es ein Foto, aufgenommen im Hauptbahnhof von Hannover: Mein Vater, der schon Wochen zuvor nach Deutschland gekommen war, trägt die zwei Koffer, mit denen meine Mutter, mein Bruder und ich angereist sind. Meine Mutter blickt auf einen großen Blumenstrauß in ihrer Hand, der in blaue Folie eingeschlagen ist. Sie strahlt, sie sieht unfassbar glücklich aus. Ich aber stehe ratlos herum. Ich trage eine beige Jacke und eine graue Hose, die Farben des Sozialismus. Ich bin acht Jahre alt und sehe aus wie ein verlorenes Polenkind, dem gerade etwas abhandengekommen ist.

Es ist ein schlechtes Foto, ziellos geschossen, dunkel und unscharf. Aber diese eingefrorene Szene erzählt viel von der Ahnungslosigkeit, mit der wir in unser neues Leben stolperten.

Der 20. Mai 1988 brach heran, gut 16 Stunden hatte der Zug gebraucht, um uns aus dem oberschlesischen Opole nach Hannover zu bringen. Da waren wir, die Polen in Deutschland, die glaubten, nun Deutsche werden zu können. Vor dem Bahnhof parkte der silberne Opel Senator, mit dem mein norddeutscher Onkel und mein Vater uns in die neue Heimat bringen wollten.

Der Opel raste mit 230 Stundenkilometern über die Autobahn. In einem Auto wie diesem hatte ich nie zuvor gesessen, aus Polen kannte ich nur unseren kleinen Fiat Polski, der schnell überhitzte. Auf die Rücksitze hatte mein Onkel eine Decke gelegt, um die Sitze zu schonen. Dennoch sollten wir nicht essen. Das war mein erster Eindruck davon, was deutsch ist. Wir fuhren auf Hamburg zu, und ich war überrascht, wie hell die Stadt leuchtete in der Nacht. Sie war eingetaucht in diesen merkwürdigen orangenen Schimmer, den ich bis dahin nicht gekannt hatte. Das Licht schien mir wärmer zu sein als in Polen.

Die beiden Gepäckstücke im Kofferraum waren das Einzige, was wir aus unserem alten Leben mitgenommen hatten. Wir Kinder wussten da noch nicht, dass die Eltern längst beschlossen hatten, nicht mehr zurückzukehren. Sie sagten es uns erst eine Woche später. Meine erste Reaktion: eine schwere Mittelohrentzündung und hohes Fieber. Eine Woche lang war ich fast bewusstlos. Als ich wieder zu mir kam, stellte ich keine Fragen.

Damals am Bahnhof war ich mir sicher, dass jeder sehen konnte, woher wir sind. Es machte mir nichts, ich war stolz, aus diesem fernen Land zu kommen, eine so lange Reise zurückgelegt zu haben und all die Zeit wach geblieben zu sein. Im Zug redete ich fröhlich auf ein Ehepaar aus der DDR ein. Auf Polnisch. Sie verstanden kein Wort, sie lächelten warm, und zum Abschied schenkten sie meinem Bruder und mir eine Mark. Meine Mutter, die seit Stunden in einem deutschpolnischen Wörterbuch blätterte, als könnte sie schnell eine neue Sprache lernen, brachte mir das Wort «danke» bei. Es war nicht mein erstes deutsches Wort. Auf dem Spielplatz hatte ich gelernt, «Hände hoch» zu schreien und «schnella, schnella». Wir Kinder spielten damals im Hinterhof Krieg, so wie wir es aus den polnischen Propagandafilmen kannten. Keiner von uns wollte der dämliche Deutsche sein, aber irgendwann musste jeder ran.

Wenn ich heute dieses Foto von unserer Ankunft anschaue, dann bilde ich mir ein, dass man es wirklich sehen kann; jeder Deutsche musste augenblicklich merken, woher wir kamen, selbst dann, wenn wir den Mund hielten. Unsere Kleidung verriet uns, unsere Frisuren verrieten uns, vielleicht auch unsere Körperhaltung oder dass wir auf der Straße nur sehr leise miteinander sprachen. Die ersten Jahre in Deutschland konnte ich einen Polen an seiner Art, sich zu geben, erkennen; man findet die Seinen sofort, selbst wenn sie unerkannt bleiben wollen. Auch heute gelingt mir das, aber nur bei den Älteren. Die Jüngeren sind schon zu europäisch.

Im neuen Land angekommen, fingen wir an, die Polen in uns auszuradieren. Ich kann gar nicht sagen, wie das kam; es bestand da ein unausgesprochener Konsens zwischen Kindern und Eltern. Mein Vater galt als Spätaussiedler, weil der Boden, auf dem sein Vater geboren wurde, bis 1945 deutsch war. Weil er deutsch war, waren wir es auch.

Wenn meine Eltern auf den Ämtern nach ihren Ausreisegründen gefragt wurden, sagten sie nicht: wirtschaftliche Not. Perspektivlosigkeit. Stillstand. Sie sagten, sie seien Deutsche und gehörten nach Deutschland. Meine Eltern bekamen einen Vertriebenenausweis. Wir galten als Heimgekehrte, aber wir waren keine. Wir waren auch keine Deutschen. Wir konnten die Sprache nicht, wir kannten die Kultur nicht oder die Nationalhymne, wir hatten keine Ahnung von den Gesetzen, wir wussten nicht, wie es in deutschen Städten oder in der deutschen Provinz aussah. Irgendein Blut floss durch unsere Adern, von dem einige meinten, es sei deutsch.

Dass wir dem Papier nach Deutsche waren und andere nicht, hatte nichts mit unserem Wissen zu tun, nichts mit irgendwelcher kulturellen Nähe, nichts mit unseren Fähigkeiten zur Anpassung. Deutschsein, das ist Politik. Wir waren Figuren in diesem politischen Spiel und spielten mit. Wurde ich damals nach meiner Herkunft gefragt, antwortete ich: Oberschlesien. Ich hatte keine Ahnung, was einen Oberschlesier auszeichnet, aber dass die Gegend erst seit 1945 polnisch war, ließ ich einfach weg. Ohne es damals zu ahnen, machte ich mich gemein. Der Vater eines Mädchens, das ich aus der Schule kannte, fragte mich eines Tages beiläufig nach meiner Herkunft. «Oberschlesien», sagte ich und nannte den polnischen Namen meines Heimatortes. «Das ist in Polen», fügte ich hinzu. «Das ist nicht Polen, das haben uns die Polacken nur geklaut», erwiderte er. Der Mann war Mitte 40 und Offizier bei der Bundeswehr. Ich war 12 und schwieg. Abends erzählte ich meinen Eltern davon. Sie regten sich auf, aber sie riefen den Vater nicht an.

Pole sein im Deutschland der 90er Jahre, das war eher ein unglücklicher Makel als irgendetwas Gutes. Es gab die Autodiebstähle, es gab die irrwitzige Armut jenseits der Oder, es gab die Polackensprüche, es gab die Harald-Schmidt-Witze über klauende Polen, die ganze Sendungen füllten und viel Schenkelklopfen auslösten. Wir hatten also gute Gründe, sehr schnell sehr deutsch zu werden.

Wenige Tage nach unserer Ankunft standen mein Vater, mein Bruder und ich in einem Supermarkt vor dem Süßigkeitenregal. Mein Vater versuchte, uns quengeligen Kindern mit gedämpfter Stimme beizubringen, dass wir ihn nun nicht mehr Tatuś nennen sollen, wie die polnische Koseform für den Vater lautet. Das richtige Wort hieß von da an Papa.

Bald schon konnten wir Kinder fließend Deutsch sprechen. Mit den Jahren verloren wir unseren Akzent. Unsere Eltern belegten einen Sprachkurs nach dem anderen, sie lernten unaufhörlich Vokabeln, sie waren irritiert, wenn sie merkten, dass die deutschen Nachbarn Dativ statt Genitiv benutzten, und schauten daheim in ihren Lehrbüchern nach. Ihre Fehler wurden weniger. Doch ihren Akzent sind sie nie losgeworden. Dafür büßten wir unsere Namen ein.

Wir waren kaum ein paar Wochen in Deutschland, als unsere Eltern zur Behörde gingen, um unsere Existenz an das deutsche Namensrecht anzupassen. Unsere Namen, wie sie in den polnischen Geburtsurkunden eingetragen waren, wurden übersetzt. Getilgt. Aus Alicja wurde Alice. Ich weiß nicht, warum das geschah. Ich glaube nicht, dass es an der Unaussprechlichkeit der polnischen Variante lag. Meine Eltern machten daraus etwas Merkwürdiges: Sie sprachen den Namen genauso aus, wie er sich schreibt, mit einem harten -tze am Ende. Mein Name war nun weder polnisch, noch klang er richtig deutsch. Er wurde zu einem hässlichen Zwitter.

Ich war damals acht, ich hätte mich nicht gegen die Umbenennung wehren können, aber meine Eltern. Wenn ich sie heute danach frage, ob sie gezwungen wurden oder ob sie das freiwillig mitmachten, dann sind sie ratlos. So war das, sagen sie. Bei allen. Wie hätten sie, die kaum Deutsch konnten, Behörden widersprechen sollen? Wie hätten sie beharren, Einspruch erheben können, dass man ihnen nicht das nimmt, was sie und wir von Geburt an getragen hatten? Vielleicht waren sie auch froh, rückblickend, weil das Fremde nun auch nicht mehr auf dem Papier erkennbar war.

Wir gewöhnten uns schnell daran, ganz so, als hätte es die früheren Namen nicht gegeben. Als wären wir Menschen ohne Vergangenheit. Schon nach wenigen Jahren sprachen wir nur Deutsch zu Hause. Meine Eltern stritten sogar auf Deutsch mit schwerem Akzent und falschen Artikeln, es klang merkwürdig ungelenk, wie ein schlechtes Laienschauspiel. Aber selbst ihre Herzensangelegenheiten wollten sie in der Sprache der Fremde klären.

Wenn ich heute über den Preis nachdenke, den das Deutschwerden gekostet hat, dann spüre ich Wut. Wir haben uns selbst verleugnet, wir haben versucht, eindeutig zu sein, deutsch zu sein, denn die Alternative wäre gewesen, ewig der Pole, ewig der Fremde zu bleiben. Wir haben das getan, was viele Politiker fordern: Wir haben uns angepasst. Das verlangte von uns Kindern, dass wir unsere Eltern ein Stück weit verleugnen, weil wir alles, was polnisch war, verleugneten. Und unsere Eltern waren nun mal keine Deutschen, bis heute sind sie es nicht, ganz gleich, wie oft sie ihren Namen ändern oder ihren deutschen Pass herausholen.

Wir Kinder, wir waren dabei, deutscher zu werden als alle Deutschen: Ich las Pferdecomics, ich ging reiten, ich kannte keine anderen polnischen Mädchen und wollte keine kennen. In den ersten Jahren, als noch nicht alles bei mir verloren schien, sprachen meine Eltern mit mir polnisch, sobald wir daheim waren. Ich aber antwortete auf Deutsch, selbst dann, wenn wir Besuch aus der alten Heimat hatten. Einmal lud meine Mutter meinen polnischen Großvater ein. Sie dachte, so könnte sie mich überlisten, mir ein wenig Polnisch entlocken, das irgendwo in mir drinstecken musste. Aber mein Großvater war während des Zweiten Weltkrieges Zwangsarbeiter in Deutschland gewesen. Er verstand noch etwas Deutsch aus dieser Zeit, und so saß ich auf seinem Schoß, plapperte auf Deutsch, er hörte zu und antwortete auf Polnisch.

Von meinem Namen gibt es heute fünf bis sieben Aussprachen. Einige wenige nennen mich wieder Alicja, weil sie meine Geschichte und meine Mühen kennen, nicht nur Deutsche zu sein. Dieser Kampf, er hat während meines Studiums begonnen. Ich belegte Seminare zu Polen, ich merkte, dass mir etwas fehlte; ein Teil, von dem ich ahnte, dass ich ihn vor langer Zeit vergraben hatte. Ich fühlte mich unvollständig. Nun war ich diejenige, die meine Eltern bat, polnisch mit mir zu sprechen. Doch es klappte nicht. Sie konnten es nicht mehr. Untereinander sprachen sie noch immer gelegentlich polnisch. Aber ich war ihr deutsches Kind geworden.

Ich ging für ein Studienjahr nach Polen, in eine andere Gegend als die, aus der ich kam. In meinem Studentenwohnheim gab es Gemeinschaftsduschen und Kakerlaken, ich teilte mir mit einer Fremden ein Zimmer von elf Quadratmetern in der Mitte eines langen Flures. Fast immer standen alle anderen Zimmertüren offen. Die anderen wussten über meine Herkunft Bescheid, und ich bereitete mich darauf vor, mich erklären zu müssen. Aber sie fragten nie. Nie wollten sie wissen, warum meine Familie weggegangen ist oder weshalb ich so schlecht polnisch spreche. Sie nahmen mich einfach als eine der ihren auf. In diesem Jahr fühlte ich mich daheim.

Alicja. Seitdem ist der Name wieder da, doch kaum war ich zurück in Deutschland, legte ich ihn wieder ab, vielleicht verließ er mich auch. Die meisten hier können sich nicht daran gewöhnen, sie bemühen sich, aber für sie bin ich eine Deutsche, es gibt nichts Fremdes an mir. Nichts deutet darauf hin, dass ich mehr bin als das: Ich habe zwei Staatsangehörigkeiten, ich habe eine polnische Geburtsurkunde, und bis zum achten Jahr meiner Kindheit gab es nichts Deutsches in meinem Leben. Ich finde es naheliegend, um diese zwei Identitäten zu kämpfen. Aber dieser Kampf wirkt gewollt und von außen betrachtet wie ein Luxusproblem: Die meisten Migranten kämpfen darum, hierherzugehören – und ich beklage mich, dass ich zu sehr hierhergehöre? Zu sehr deutsch bin?

Doch meine acht gelebten Jahre in Polen bedeuten die Hälfte meiner Kindheit. Sie lassen sich nicht einfach beiseitewischen. Es hängt viel daran: die Familiengeschichte, Erinnerungen an Bücher, Schulfreunde und Kirchenbesuche, eine andere Art, die Dinge zu betrachten, auch anders zu fühlen. Das auch haben zu wollen bedeutet nicht, dass ich das Deutsche aufgeben und mich in meine polnische Vergangenheit zurückträumen will. Ich will beide Anteile in meinem Leben haben, das Deutsche und das Polnische. So kann ich mich vollständig fühlen.

Ich weiß, dass die deutsche Sprache mich im Leben verwurzelt hat. Manchmal ahne ich, wie es ohne diese Verwurzelung wäre. Wenn ich aufgeregt bin, dann gehen mir die Worte verloren, sie entgleiten mir, lassen mich im Stich, für einen Augenblick fühle ich mich, als sei ich immer noch das Polenkind von damals, das die Artikel durcheinanderbringt, Verben verwechselt, Substantive verstümmelt. In der deutschen Sprache bin ich gut aufgehoben, und vielleicht hätte ich dieses Gefühl nicht, wenn es meinen Eltern wichtiger gewesen wäre, dass ich akzentfrei polnisch anstatt deutsch spreche. Dennoch spürte ich irgendwann die Notwendigkeit, meine andere Sprache näher an mich zurückzuholen.

Seit ich von meinem Studienjahr zurückgekehrt bin, sprechen wir daheim wieder polnisch, meine Eltern und ich. Meistens. Sie mussten sich daran gewöhnen, ich habe darauf beharrt. Meine Eltern helfen mir, wenn ich Verben falsch konjugiere, wenn ich die sieben Fälle durcheinanderbringe oder mir ein Wort fehlt. Mir fehlt sehr oft eins. Seit einigen Jahren bemerke ich, dass auch meinen Eltern die Worte nicht mehr einfallen wollen, dass sie suchen und nichts finden, dass sie im Wörterbuch nachschlagen müssen, obwohl Polnisch ihre Muttersprache ist. Sie mischen dann. Sie nehmen deutsche Wörter, setzen polnische Vorsilben an den Anfang und polnische Endungen an das Ende. Duschen wird zu przeduschować. Es fällt ihnen nicht auf, sie vermissen auch nichts, wie auch? Auf diesen Teil von uns haben wir alle nie sonderlich viel achtgegeben, er war uns nicht nützlich in Deutschland. Selbst sie scheinen zu vergessen, woher wir kommen.

«Wo kommst du wirklich her?»

Vor ein paar Jahren fuhr ich in Berlin mit dem Fahrrad die Friedrichstraße hinunter, als auf einmal ein Auto abbog, ohne mich zu sehen. Ich entkam einem Unfall nur deshalb, weil mich ein Fahrradkurier warnte. Er war vielleicht Anfang dreißig und blond. Er fragte mich, ob wir einen Kaffee trinken gehen wollten. Wir radelten zu Starbucks.

«Und», fragte er, als wir uns hinsetzten, «wo kommst du her?» Fremde stellen mir diese Frage oft. Ich beantworte sie immer gleich: «Aus Berlin.» Berlin ist die Stadt, in der ich geboren bin; es ist der Ort, an dem ich mich zu Hause fühle. «Nein, nein», sagte er, «wo kommst du wirklich her?» Stumm seufzte ich in mich hinein. Ich wusste, worauf er hinauswollte, aber ich sagte: «Ich komme aus Nordberlin, Hermsdorf.» Ich hoffte, er würde nun merken, dass ich nicht weiter darüber reden wollte. Wir waren uns gerade erst begegnet, und ich hatte kein Interesse, ihm meine Familiengeschichte zu erzählen.

Doch meine Antworten machten den Fahrradkurier nur ungeduldig. Man sah ihm förmlich an, dass er unbedingt wissen wollte, was mein *Migrationshintergrund* war. «Du weißt schon, was ich meine. Wo sind deine Wurzeln?» Ich schwieg. Die Frage nach meinen Wurzeln ist mir schon immer seltsam vorgekommen: Wieso sprechen andere mit mir, als sei ich ein Baum? «Komm schon», sagte der Fahrradkurier. «Na gut», sagte ich schließlich, «meine Eltern kommen aus Vietnam.» Er lehnte sich in seinen Sessel zurück und grinste. «Wusst ich's doch, dass du aus Asien kommst!» Ich lächelte gequält und wiederholte, dass ich in Deutschland geboren und auf-gewachsen sei. Dass das die richtige Antwort auf die Frage nach meiner Herkunft sei. Und dass ich die Herkunft meiner Eltern nicht unbedingt mit Fremden diskutieren müsse.

Der Fahrradkurier beugte sich nach vorne und sagte ein-dringlich:

«Dann hast du aber ein Problem!»

«Wie bitte?»

«Na, du hast ein Problem mit deiner Identität, deswegen willst du nicht darüber reden!»

«Wieso habe ich ein Problem, wenn ich keinen Smalltalk über meine Identität will?»

«Andere Asiaten haben damit kein Problem.»

«Was soll das heißen?»

«Ich kenne mich mit Asiaten aus. Ich bin drei Monate in Thailand und Vietnam rumgereist. Die hatten kein Problem wie du.»

Ich sah den Mann ungläubig an. Wie konnte er mich mit irgendwelchen Thailändern vergleichen, nachdem ich ihm erklärt hatte, dass ich nie in Asien gelebt habe? Woher nahm er das Recht, meinen Umgang mit meiner Herkunft zu be-urteilen? Wieso konnte er nicht akzeptieren, dass ihn das Ganze nichts anging? Ich trank schnell aus und stand auf. Als mich der Fahrradkurier nach einem weiteren Treffen fragte, sagte ich: Nein, lieber nicht. Draußen vor dem Starbucks atmete ich tief durch.

Ich werde oft gefragt, woher ich komme; meist ist es eine der ersten Fragen, die anderen einfällt. Viele fragen aus Neu-gier. Sie wollen verstehen, warum eine asiatisch aussehende Frau Deutsch spricht wie sie. Manche nicken, wenn ich sage:

«Ich komme aus Berlin.» Doch für viele passt diese Aussage nicht zu meinem Aussehen. Wenn sie immer weiter bohren, wie dieser Fahrradkurier, scheinen sie es zu tun, weil sie in mir eine Asiatin sehen und keine Deutsche. Dass ich mich anders beschreibe, dringt nicht durch. Meine Herkunft, meine Familiengeschichte sind keine Tabuthemen. Ich möchte sie nur nicht vor Menschen ausbreiten, mit denen ich auch andere persönliche Fragen nicht besprechen würde.

Ich erinnere mich an das Haus, in dem ich aufgewachsen bin: neonfarbenes Hellblau in einer Gegend voller Bäume und Einfamilienhäuser. Hermsdorf war bürgerlich, und wir waren es auch. Mein Vater war Arzt, meine Mutter arbeitete in einer Bank. Im Wohnzimmer stand ein Klavier, auf dem ich täglich üben sollte. Ich spielte auch Cello und lernte Ballett, außerdem war ich Schwimmerin, Klassensprecherin und Nachhilfelehrerin. Schon als Schülerin hatte ich einen Terminkalender und Stress.

Vietnamesisch war zwar meine Muttersprache, aber im Kindergarten habe ich viel davon verlernt. Mit meinen beiden jüngeren Geschwistern unterhielt ich mich auf Deutsch, unsere Eltern sprachen vietnamesisch untereinander und manchmal auch mit uns. Einfache Dinge wie «Räum den Tisch ab» oder «Deine Tante ist krank» konnten wir verstehen. Meine Mutter versuchte immer wieder, uns mit einem vietnamesischen Grundschulbuch Lesen und Schreiben beizubringen, aber sie scheiterte, weil wir zu selten lernten. Meine Eltern fanden es schade, aber letztlich war es ihnen wichtiger, dass wir gut Deutsch sprachen. So sahen wir es auch.

Weil wir schlecht Vietnamesisch sprachen und in einem Einfamilienhaus lebten, galten wir unter Vietnamesen als «eingedeutscht». In den Augen der anderen waren wir nicht nur wohlhabender, sondern auch weniger traditionell. Für Deutsche wiederum waren wir die vietnamesische Vorzeige-familie. Wir selbst hatten dazu ein ambivalentes Verhältnis. Obwohl wir scheinbar nahtlos in die Welt von Hermsdorf passten, waren uns «die Deutschen» – so nannten wir sie zu Hause – irgendwie fremd. Besonders seltsam fanden wir das deutsche Abendbrot: Wie konnten sie so wenig und so ein-fach essen? Für uns war das Abendessen die wichtigste Mahlzeit. Punkt acht mussten wir zu Hause sein, um gemein-sam mit der Familie zu essen. Meine Mutter kochte vietname-sische Gerichte mit verschiedenen Gängen, meistens aßen wir in der Küche. Alles, was besprochen werden musste, wurde dann besprochen.

Ich erinnere mich, dass ich als Schülerin oft in dieser Küche saß und meinen Eltern von meinen Freunden erzählte. Genauer gesagt erzählte ich ihnen, dass meine Klassenka-meraden es viel besser hatten als ich: Sie mussten nicht auf ihre Geschwister aufpassen und sie überallhin mitnehmen, sie mussten auch keine Aufgaben im Haushalt übernehmen. Sie durften so lange weggehen, wie sie wollten. Sie wurden von ihren Eltern gelobt, wenn sie eine 2 im Aufsatz schrie-ben. Wieso war das bei uns nicht so?

«Am Wochenende übernachten alle bei Susy, wieso darf ich nicht auch?»

«Wir haben am Wochenende etwas mit der Familie vor.»

«Aber die Übernachtung ist doch abends!»

«Dann schläfst du so wenig und bist am nächsten Tag müde.»

«Was ist daran so schlimm?»

«Denk nicht immer nur an dein Vergnügen.»

«Ich bin die Einzige aus der ganzen Klasse, die nicht dabei ist.»

«Na und? Du bist nicht wie die anderen. Wieso vergleichst du dich überhaupt mit den Deutschen?»

Susy sagte ich, dass ich am Wochenende keine Zeit hätte und deswegen nicht kommen könne. Ich verschwieg ihr, dass meine Mutter es mir nicht erlaubt hatte. Es war mir vor meinen Freunden peinlich, dass ich nicht so viel durfte wie sie; dass meine Eltern mich mit 15 noch wie ein Kind behandelten, während meine Freunde von ihren Eltern schon wie Erwachsene behandelt wurden. Es kam immer wieder vor, dass ich meinen Freunden absagen musste, weil wir etwas mit der Familie unternahmen: Fast jedes Wochenende gingen wir zusammen ins Kino oder Restaurant, in den Ferien verreisten wir oft zu fünft. Wir machten Urlaub bei unseren Verwandten in Vietnam und Amerika; wir fuhren durch Skandinavien, Südfrankreich oder Griechenland. Der Zusammenhalt in unserer Familie war enger als in den deutschen Familien, die ich kannte. Er konnte einen schier erdrücken, aber er gab mir auch Halt.

Warum wir anders waren und warum es wichtig war, diese Andersartigkeit zu bewahren, das haben mir meine Eltern nie wirklich erklärt. Ich glaube, sie wussten es selbst nicht genau. Vielleicht hatten sie Angst, dass wir uns von ihnen entfernen würden, wenn sie uns zu liberal erzogen. Vielleicht konnten sie uns nicht deutscher erziehen, weil ihnen die Gleichberechtigung zwischen Eltern und Kindern so fremd war. Sie kannten nichts anderes als das vietnamesische Familienverständnis, das auf Hierarchie und bedingungslosem Zusammenhalt basiert. Schon als Kind wusste ich, dass ich meine Eltern nicht um viele Freiheiten bitten konnte. Dafür haben sie immer ja gesagt, wenn ich einen Sport lernen wollte, eine Sprachreise plante oder sonst welche Projekte vorhatte.

Mit 14 Jahren sollte ich bei einem kleinen Konzertabend in Reinickendorf etwas vorspielen, ich glaube, es war «In der Höhle des Bergkönigs» aus der Peer-Gynt-Suite von Edvard Grieg. Die Veranstaltung fand im Fontane-Haus statt, einem schmucklosen Konzertsaal mit zwei Flügeln. Schulorchester, chilenische Tanzgruppen und alles, was das Lokalpublikum noch hätte interessieren können, traten dort auf. Die Zuschauer saßen auf roten Sitzen in langen Reihen vor der Bühne, und auf vier Sitze ziemlich weit vorn legte ich vor dem Konzert Zettel mit unserem Nachnamen, «Pham».

Fünf Minuten vor Beginn traf ich meine Familie endlich am Eingang. Ich eilte mit ihr zu den reservierten Sitzen, aber inzwischen hatte sich ein deutsches Ehepaar dorthin gesetzt. Ich erklärte dem Mann die Situation, doch er weigerte sich aufzustehen: «Wer so spät kommt, verliert seinen Platz.» Er schaute meine Mutter an, sie schaute ihn an, dann brach es aus ihr heraus: «Das machen Sie nur, weil wir Ausländer sind!» Wütend drehte sie sich um und suchte sich einen anderen Platz.

Vielleicht irrte sich meine Mutter, und das Verhalten des Mannes hatte nichts damit zu tun, dass wir Vietnamesen waren. Vielleicht hätte er eine deutsche Familie auch so behandelt. Aber warum sollte ich das glauben? Zu der Zeit liefen mir die Verkäuferinnen in Geschäften hinterher, weil sie dachten, ich würde etwas stehlen. Als Kind hatten sich andere Kinder mit «Ching-Chang-Chong-Sprüchen» über meine Geschwister und mich lustig gemacht. Meine Mutter ermahnte uns immer, uns ordentlich anzuziehen: «Sonst denken die Deutschen, wir sind Asylanten.» Ich war mit dem Gefühl aufgewachsen, dass uns die Deutschen misstrauten. Dass sie sich für etwas Besseres hielten und auf Familien wie unsere herabsahen. Während ich mein Stück spielte, dachte ich: «Egal, wie sehr du dich anstrengst, sie werden dich immer als Ausländerin sehen.»

Mit den Jahren habe ich die Unterscheidung zwischen uns und den Deutschen verinnerlicht. Ich weiß nicht, was dafür ausschlaggebender war: die Fragen der Deutschen nach meinen Wurzeln oder das Mantra meiner Eltern, wir seien anders. Jedenfalls sage ich nie von mir selbst, dass ich Deutsche sei. Ich sage immer nur: «Ich komme aus Berlin.»

Nach der Schule zog ich zum Studieren nach London. Ich mochte es, dort Bus zu fahren. Nicht aufzufallen, weil neben mir Asiaten, Schwarze und Weiße saßen. Wenn ich jemandem sagte, ich käme aus Berlin, gab es keine weiteren Fragen. Nie nahm irgendjemand das Wort «Wurzeln» in den Mund – in einer Stadt, in der die Menschen so flüchtig leben und wieder gehen, sind Wurzeln ein fremdes Konzept. In London fühlte ich mich normal, weil alle irgendwie anders waren. Es war das Gegenteil von Hermsdorf: laut und voll und global. Die Stadt ist sehr aggressiv und anstrengend, aber ich konnte mich dort relativ schnell einleben und traf viele Menschen, die ich nirgendwo anders hätte treffen können. Ich mochte es, dass es in meinem Studiengang genauso viele Chinesen wie Briten und Deutsche gab. Niemand war in der Mehrheit und bestimmte, was normal war und was nicht.

Während des Studiums schrieb ich meine ersten journalistischen Artikel. Sie waren auf Englisch, und schon stellte ich mir eine Zukunft als internationale oder zumindest bilinguale Journalistin vor. Vielleicht wünschte ich mir, der deutschen Enge so zu entkommen. Nicht an ein bestimmtes Land gebunden zu sein, bedeutet auch, frei zu sein. Aber nach einer Weile merkte ich, dass meine wirkliche Sprache Deutsch ist. Dass ich trotz allem irgendwie deutsch war. So kehrte ich in das Land zurück, das ich bis dahin nie wirklich als Heimat empfunden hatte. Ich nahm den Wunsch mit, dass die Menschen hier miteinander umzugehen lernen wie die Menschen in London: dass sie die Unterschiede aneinander akzeptieren und dass sie sich vermischen zu einem kosmopolitischeren Lebensgefühl.

Manchmal träume ich immer noch davon, in einer Weltstadt zu Hause zu sein. Dort, wo es keine eine Geschichte, keine eine Herkunft gibt. Aber wenn ich durch Berlin spaziere und meine Freunde in Kreuzberg oder Mitte besuche, merke ich, wie viel sich verändert hat, seit ich hier zur Schule gegangen bin. In solchen Momenten bin ich stolz darauf, woher ich komme.

Wir unsichtbaren Türken

Es war Fasching, 1983, ich war sechs Jahre alt und das einzige Kind in meiner Kindergartengruppe, das nicht wusste, was das war. Zum einen lag es daran, dass wir in Norddeutschland lebten. Nördlicher ging Deutschland kaum: Flensburg, an der Grenze zu Dänemark. Zum anderen hatten wir die Feste der Deutschen einfach noch nicht verinnerlicht. Einige Tage zuvor hatten uns die Betreuerinnen Informationszettel mit nach Hause gegeben. Ich weiß nicht mehr, was darauf stand, ob erklärt wurde, was es eigentlich auf sich hatte mit diesem Fasching. Ich weiß auch nicht, ob meine Eltern den Zettel überhaupt verstehen konnten oder wie gut mein Bruder schon Bescheid wusste – er war ja auch erst 12 Jahre alt. Aber wir begriffen, dass es wohl ein Fest war, bei dem jeder fröhlich sein soll und sich dafür verkleidet und schminkt. Als Prinzessin, als Clown, als Pirat. Ich wollte als Clown gehen. Ich habe es irgendwie geschafft, meinen Eltern diese Entscheidung klarzumachen.

In ihrer ersten Zeit in Deutschland hatten meine Eltern schnell gemerkt, dass sie nicht gleichzeitig arbeiten und uns Kinder betreuen konnten. Also brachten sie mich kurz nach meiner Geburt zu meiner Großmutter nach Istanbul. Mein Bruder war sechs und sollte in der Türkei eingeschult werden, nachdem er die Jahre vorher hin und her geschickt worden war. Meine Eltern hatten in Flensburg Arbeit in einer Fabrik bekommen. Sie arbeiteten in Schichtdiensten bei Danfoss, einem dänischen Hersteller für Kühlschrankkompressoren. Bis zur Rente haben sie es durchgezogen, meine Mutter in zwei, mein Vater in drei Schichten. Mal tagsüber, mal abends. Sechs Wochen nach meiner Geburt stand meine Mutter also wieder am Fließband. Arbeiten, Geld verdienen – dafür waren sie schließlich nach Deutschland gekommen.

Für uns Kinder bedeutete das: Entweder war morgens meine Mutter da und mein Vater am Nachmittag oder eben umgekehrt. Am Tag des Faschingsfestes war mein Vater morgens da. Er war dafür zuständig, für den Kindergarten einen Clown aus mir zu machen. Meinen Bruder hatte er am Tag zuvor losgeschickt, ein Kostüm zu kaufen. Es war kein einfacher Auftrag: Lustig sollte die Verkleidung sein, aber nicht zu viel Geld kosten. Wir wohnten damals in einer kleinen Zweizimmerwohnung im Türkenviertel von Flensburg, hatten kein eigenes Badezimmer und mussten uns die Toilette mit den Nachbarn teilen. Mein Vater schlief auf einer Ausziehcouch im Wohnzimmer, meine Mutter und wir beiden Kinder in einem Bett. Wie hätten meine Eltern da 20 Mark in ein Clownskostüm investieren können, aus dem ich im nächsten Jahr wieder herausgewachsen wäre? Und das auch noch für ein Fest, das sie nicht verstanden und befremdlich fanden. Wozu überhaupt verkleiden? Was sollte daran so lustig sein? Verstehe einer diese Deutschen!

Mein Bruder war an diesem Morgen schon auf dem Weg zur Schule. Das Kostüm, das er gekauft hatte, lag auf dem Küchentisch: eine große fleischfarbene Hartplastiknase mit einer dicken schwarzen Brille daran und einem üppigen Schnauzbart. Ich saß auf einem Stuhl in unserer schäbigen Küche, und mein Vater bemalte mir mit einem alten Kajalstift meiner Mutter das Gesicht. Meine Augenbrauen fühlten sich komisch feucht und klebrig an. Aber als ich erwartungsvoll dasaß, zweifelte ich nicht: Mein Vater würde das schon machen. Er malte noch einige Minuten lang in meinem Gesicht herum, dann setzte er mir wie zur Krönung die Plastiknase mit Brille und Schnauzer auf. Ich zog mir eine karierte Hose in Schlammfarben an, dazu schwarze Hosenträger und ein Nicki-Sweatshirt mit dunkelblauen, roten und grauen Streifen.

Ich weiß nicht mehr, ob mir diese Verkleidung gefiel. Sah ein lustiger Clown wirklich so aus? Aber ich war aufgeregt und freute mich auf dieses unbekannte Fest. Bis mich mein Vater in den Kindergarten brachte und ich die anderen Kinder sah.

Da waren sie, die richtigen Clowns in bunten Kostümen, die echten Prinzessinnen in rosa Tutu und goldenen Kronen, die echten Piraten mit Augenklappe, Schwert, sogar Holzbein, die echten Cowboys mit Hüten und Indianer mit Federschmuck wie Häuptlinge. Ihre Wangen waren rosig, sie hatten rot angemalte Nasen oder Glitzer im Haar. Ich hatte nur dicke schwarze Balken statt Augenbrauen. Es waren auch keine anderen türkischen Kinder da, die vielleicht ähnlich wie ich ausgesehen hätten. Am liebsten hätte ich mich in Luft aufgelöst. Ich gehörte einfach nicht dahin. Ich war nicht echt und fühlte mich auch nicht so. Vielleicht war ich an diesem Morgen das einzige Kind, das sich wirklich verkleidet hatte.

Meine Eltern wollten an diesem Tag, dass ihr Kind an etwas sehr Deutschem teilnahm, ohne zu wissen, was das ist. Weil sie dachten, dass es sich so gehört und weil die Deutschen es von ihnen erwarteten. Es hat ihnen auch niemand erklärt, was es auf sich hat mit diesem Fest. Vielleicht ist das Ganze deshalb schiefgegangen. Ich bin mir sicher, dass dieser Tag sich auch für meine Eltern komisch angefühlt hat. Machen wir das richtig? Und wie das arme Kind nur aussieht!

Es war Anfang der 80er Jahre, da wurde in einem Kindergarten in einer norddeutschen Kleinstadt nicht viel geredet. Es wurde nicht erklärt, was die Kinder für einen Wandertag mithaben mussten, es wurde nicht erklärt, dass alle Kinder bei der Einschulung eine Schultüte mitbringen, in der Süßigkeiten drin sind. Vielleicht wussten die Betreuerinnen nicht, wie sie mit den türkischen Eltern oder ihren Kindern sprechen, wie sie mit ihnen umgehen sollten. Vielleicht aber dachten sie auch so, wie man in Deutschland zu dieser Zeit eben dachte: Die Gastarbeiter gehen doch bald bestimmt zurück in die Heimat. Vielleicht schnappen sie sich noch die Rückkehrprämie, verlassen Deutschland und nehmen ihre Kinder wieder mit.

Wenn ich heute danach gefragt werde, woher ich komme, fällt mir als Erstes die Straße in Istanbul ein, in der das Haus meiner Großmutter steht, damals noch ohne Putz, der Wein auf der Terrasse, der sich bis zur zweiten Etage an den roten Ziegelsteinen hinaufschlängelte und im Sommer Schatten spendete. Ich erinnere mich an ihre vielen Töpfe, mit denen sich prima spielen ließ, an die bunten Wäscheklammern, die Teppiche, die im Sommer mit der Hand draußen auf der Straße gewaschen wurden und sich so kühl unter den Fußsohlen anfühlten. Die Nachbarn, die ich zum Tee einlud, ohne meine Großmutter um Erlaubnis zu fragen. Strom- und Wasserausfälle, die man mehr oder weniger gelassen hinnahm. Das Maisfeld neben unserem Haus, der Geschmack von weichem Weizenbrot mit Tomaten und Schafskäse. Ich erinnere mich an Seilspringen, an die Kreide, mit der wir Hinkelkästchen auf die Straße malten, an den Stellen, wo es schon Asphalt gab. In meiner Erinnerung ist in der Straße, in der meine Großmutter heute noch lebt, immer Sommer. Die ersten drei Jahre meines Lebens war das meine Welt, in der die eigenen Eltern nicht vorkamen, weil sie nicht da waren. Deshalb wird die Türkei nie nur irgendein Land für mich sein.

Woher kommst du?

Als Zweites fällt mir Flensburg ein, die Stadt, in der ich geboren wurde. In der meine Eltern 1973 Arbeit fanden. Flensburg ist das Deutschland meiner Kindheit und Jugend, dort bin ich hineingewachsen in eine Welt, in der ich mich nicht fremd fühlte, obwohl sie so anders war als die Straße meiner Großmutter in Istanbul. Flensburg war ein vernünftiger, geordneter Ort, gut geeignet, um Kinder vernünftig großzuziehen. Grün, regnerisch, kühl. Blumenkübel aus Waschbeton, die in der Fußgängerzone herumstanden. Der Hafen, an dem unsere Eltern mit uns spazieren gingen. Ein Ort der Regeln. Man durfte keinen Krach machen, es gab eine Mittagsstunde zwischen ein und drei Uhr, in der die Kinder die deutschen Erwachsenen nicht stören durften, besonders die Omas nicht, und wenn doch, gab es Ärger. Haben wir euch nicht schon hundertmal gesagt: Die Deutschen haben Mittagsstunde! Das Wort blieb immer deutsch, wenn unsere Eltern uns schimpfend daran erinnerten, auch wenn der Rest der Standpauke türkisch war. Mittag-schu-tunde!

Ich fühlte mich nicht fremd, weil es selbstverständlich für alle war: Die Fremden waren einfach die Fremden. Die Deutschen redeten nicht über sie. Man verlangte nicht viel voneinander, hielt sich an die Regeln und ließ sich sonst lieber in Ruhe. Vor allem aber wollte man keine Sichtbarkeit. Die

Deutschen wollten das nicht, weil sie sonst das Gefühl hatten, dass sich ihre Heimat verändert. Aber auch den Türken war es lieber, nicht aufzufallen, damit sie ihre Ruhe vor den Deutschen hatten. Sie hatten auch nicht begriffen, dass es nicht nur darum gehen konnte, hart zu arbeiten und jeden Sommer sechs Wochen in die Türkei zu fahren. Über das Anderssein wurde nicht gesprochen. Es gab keine Bezeichnungen wie «Migrationshintergrund». Alle waren gleich, nämlich Ausländer. Und die blieben unter sich, malochten, glaubten, bald zurückzugehen. Das eine oder andere Kind wie ich verirrte sich mal auf ein Gymnasium, aber die Mehrheit der Kinder ging auf die Hauptschule. Warum war das so? Musste man das ändern? Danach fragte im Flensburg der 80er Jahre niemand. Man sprach nicht darüber. So blieben wir unsichtbar.

Wie unsichtbar ich war, wird mir klar, wenn ich mich an meine Schulzeit erinnere. Wenn ich von der Schule heimkehrte, kurz nach Mittag, verließ ich die eine Welt und betrat die andere. Ich sprach türkisch mit meinen Eltern, weil ihr Deutsch zu schlecht war, ich aß das türkische Essen, das meine Mutter kochte, erzählte eigentlich nicht viel aus der Schule, weil es mir schwerfiel, ihnen alles zu erklären. Es war einfach zu anders für sie. Dachte ich zumindest und versuchte es meistens nicht einmal. Da war nichts, was sie an ihre eigene Schulzeit erinnerte, wir konnten nichts miteinander teilen. Erwähnte ich, dass wir gerade Macbeth von Shakespeare lasen, fragten sie, ob das ein berühmter deutscher Schriftsteller sei.

Tagsüber, in der Schule, bemühte ich mich, nicht aufzufallen. Ich tat alles dafür, so zu sein wie die deutschen Kinder, so zu sprechen wie sie und die gleichen Interessen zu haben wie sie. Es gab nur eine Handvoll türkischer Kinder. Wir waren keine Exoten, hingen auch nicht nur beieinander ab. Wir liefen einfach irgendwie mit, wir waren nicht *die* Türken. Höchstens zu Weihnachten, wenn jedes Jahr immer wieder aufs Neue erstaunte Mitschüler fragten: «Wie, ihr feiert keine Weihnachten? Wie ätzend ist das denn!?»

Auch im Unterricht waren wir nicht die Türken. Wenn wir in Geschichte den Zweiten Weltkrieg behandelten, erzählten die deutschen Kinder manchmal, was ihnen ihre Großeltern darüber berichteten. Die meisten schienen recht genervt davon zu sein. Ich fand das spannend. So, wie man einen Abenteuerroman spannend findet, sich darin verliert, aber gleichzeitig weiß, dass man eigentlich nur Beobachter ist. Ich verstand zwar, dass die Sache mit dem Zweiten Weltkrieg irrsinnig wichtig für die Deutschen war und dass sie nach so vielen Jahren offenbar immer noch sehr betroffen waren. Aber ich begriff nicht, was das alles eigentlich mit mir zu tun haben sollte. Ich hatte keinen Opa, der Wehrmachtssoldat gewesen war. Es fragte mich auch keiner danach, wie bei uns zu Hause über den Zweiten Weltkrieg gedacht oder gesprochen wurde.

Wir kamen nicht vor in dieser Geschichte. Nicht nur in dieser, in der gesamten Geschichte nicht, die im Unterricht behandelt wurde. Ich begriff: Die deutsche Geschichte ist türkenfrei. Auch in Deutsch oder in einem anderen Fach gab es keinen Platz für das, was uns bekannt oder wichtig war. Keine Stunde über die Osmanen in Geschichte. Nichts über Muslime in Religion, nichts über unsere Feste. Wo waren wir eigentlich bei der ganzen Sache? Erst später, als in Solingen und Mölln die Anschläge passierten, sprachen wir im Unterricht über Ausländer und Rassismus. Da kamen wir dann vor, zum ersten Mal.

Am Ende war ich in unserem Jahrgang die Einzige unter vielleicht sechs oder sieben türkischen Schülern, die das Abitur machte. Warum hatten es die anderen nicht geschafft? Die Frage stellte sich niemand, es gab keine Lehrerkonferenz deswegen. Das Problem blieb so unsichtbar wie die Schüler, die nicht bestanden hatten.

Während meiner Schulzeit fühlte ich mich oft wie ein Zaungast. Ich war außen vor und musste all das nachholen, was ich nicht mitbrachte, was nicht in mir angelegt war. Ich hatte das Gefühl, die anderen einholen zu müssen. Und so arbeitete ich mich in die Geschichte des Dritten Reiches ein. Ich meldete mich ständig im Unterricht, las Anne Franks Tagebuch, bestellte die kostenlosen Informationshefte bei der Bundeszentrale für politische Bildung, die bereits mein Bruder entdeckt hatte, ich übernahm Sonderaufgaben und Referate. Ich wurde zu einem Zweiter-Weltkrieg-Nerd. Ich versuchte wohl, die deutsche Geschichte zu meiner zu machen. Nur eben ohne Wehrmachtsopa.

Es funktionierte, also blieb ich dem Weg treu. Die deutschen Mädchen fingen an, sich im Handball-Verein anzumelden, also tat ich es auch. Mochte ich Handball? Ich hatte nicht darüber nachgedacht. Ich wollte, was sie wollten, ganz gleich, was es war. Eine Musik-Lehrerin bot eine Geigen-AG an. Man brauchte nicht einmal ein Instrument zu kaufen, man konnte sich eines leihen. Hatte ich jemals vorher den Klang einer Geige gehört? Oder klassische Musik? Mochte ich sie, hatten meine Eltern mich damit genervt? Egal, ich wollte, was die deutschen Kinder wollten. Sie machten da mit, also musste es gut sein. Nie sagten meine Eltern nein. Ich brachte den Handball nach Hause, sie nickten wohlwollend, ich brauchte Geld für das Trikot, sie drückten es mir in die Hand, ich brachte die Geige nach Hause, sie nickten wieder. Aber nie hätten sie mich von sich aus irgendwohin geschickt. Nicht, um mich auszubremsen – sie wussten einfach nicht, wie das alles funktioniert. Sie hatten es selbst nicht gehabt, als sie Kinder waren, sie sahen all diese Möglichkeiten nicht. Die musste ich schon selbst entdecken.

In der Schule vergaß ich oft, woher ich kam. Nicht, weil ich so gut integriert war – was das sein sollte, war damals noch gar nicht verhandelt worden. Sondern weil sich einfach niemand für mein Türkischsein interessierte. Nicht einmal ich.

Je mehr ich in der Schule versuchte, deutsch zu werden, desto fremder wurden mir meine Eltern. Irgendwann hörte ich auf, türkisch zu sprechen. Ich weigerte mich einfach. Meine Eltern sprachen mit mir türkisch, ich antwortete auf Deutsch. Wie, um sie zu brüskieren. Um mich abzugrenzen von ihnen. Dann, als Teenager, verachtete ich ihre türkisch-konservativen Erziehungsregeln. Warum durfte ich nicht bis spät in die Nacht ausgehen? Warum durfte ich keinen Alkohol trinken? Warum durfte ich keinen Freund haben, einen Jungen küssen? Wir sprachen nicht darüber. Sie waren nicht religiös, aber sie erlaubten es einfach nicht. Ich wusste, dass ich das alles nicht durfte, ohne dass die Verbote jemals ausgesprochen wurden. Meinen deutschen Mitschülern gegenüber erfand ich Ausreden, wenn sie mich zu ihren Partys einluden und ich nicht hingehen durfte oder viel früher als alle anderen nach Hause musste (oder noch schlimmer: abgeholt wurde).

Später fand ich Wege, bis tief in die Nacht auszugehen, Alkohol zu trinken und einen Freund zu haben. Ich erfand eben Ausreden gegenüber meinen Eltern, manchmal log ich und erzählte ihnen von Übernachtungen bei Freundinnen oder von Klassenausflügen. Ich wurde Meisterin darin, ein Leben vor ihnen zu verstecken, das ich für deutsch hielt. Es war die einzige Möglichkeit, als Kind türkischer Eltern in einer kleinen deutschen Stadt, auf einem fast rein deutschen Gymnasium durch die Kindheit zu kommen.

Jedenfalls die einzige, ohne sich ständig fehl am Platz zu fühlen.

III. Meine Heimat, keine Heimat

Kann etwas schlimm sein an der Frage, woher man kommt? Wer sie stellt, kann sie für sich selbst meistens beantworten. Die Eltern sind in diesem Land groß geworden und die Großeltern auch, der Name hat Tradition, klingt vertraut, und im Telefonbuch stehen manchmal Dutzende andere, die genauso heißen. Wer so fragt, gibt sich mit einer einfachen Antwort meist nicht zufrieden, sondern fragt weiter:

«Bist du lieber in der Türkei oder hier?»

«Bist du mehr vietnamesisch oder deutsch?»

«Ist an dir noch überhaupt etwas polnisch?»

Wer so fragt, will uns besser verstehen: Unsere Namen und Biographien klingen seltsam, so fremd. Wir antworten etwas, wählen unsere Worte vorsichtig, wir wollen niemanden vor den Kopf stoßen. Es soll nicht so klingen, als würden wir ein Land dem anderen bevorzugen. Wir wollen nicht undankbar wirken oder illoyal. Und wir kennen die Antwort selbst nicht so genau. Manchmal sagen wir deshalb: Ich bin beides. Oder: Ich bin keines. Es läuft ja fast auf dasselbe hinaus.

Während wir diese Sätze sagen, verschweigen wir etwas anderes. Das Eigentliche hängt unbeantwortet in der Luft: die

Frage nach der Heimat. Denn Heimat, das ist für uns ein so schwieriges, schmerzhaftes und sehnsuchtsvolles Ding, dass es uns schwerfällt, darüber zu reden, geschweige denn, Antworten zu geben.

Für uns ist Heimat die Leere, die entstand, als unsere Eltern Polen, Vietnam und die Türkei verließen und nach Deutschland gingen. Ihre Entscheidung zerriss unsere Familiengeschichte. Wir sind in einem anderen Land aufgewachsen als unsere Eltern, in einer anderen Sprache als sie, mit Liedern, Bildern und Geschichten, die sie nicht kannten. Deutsche Traditionen konnten wir von ihnen nicht lernen. Das Bewusstsein, zu diesem Land zu gehören, noch weniger. Wir kennen es nur vom Hörensagen: das Heimatgefühl, das unsere deutschen Freunde spüren, weil sie ihren Platz in diesem Land geerbt haben. Diese Sicherheit.

Es gibt viele Arten, das Wort Heimat zu verstehen. Auf Polnisch heißt es Mała Ojczyzna, «kleines Vaterland», auf Türkisch Anavatan, «Mutterland», und auf Vietnamesisch que, «Dorf». Obwohl sich die Begriffe unterscheiden, spielen sie alle auf die Verbindung zwischen Biographie und Geographie an: Heimat ist der Ursprung von Körper und Seele, es ist der Mittelpunkt der eigenen Welt. Die Kultur eines Landes prägt das Wesen der Menschen, die dort aufwachsen. Sie erzieht sie wie Mutter und Vater ihre Kinder. Sie macht die Deutschen diszipliniert, die Franzosen charmant und die Japaner höflich, das ist die Vorstellung. Aber was bedeutet das für die, die in zwei Ländern aufgewachsen sind: Haben die überhaupt eine Heimat? Oder haben sie zwei? Wieso fällt uns kein Plural zu diesem Wort ein?

Ein Mädchen, das in Polen Lesen und Schreiben gelernt hat

und erst mit acht Jahren nach Deutschland kam; das erst hier die Sprache gelernt hat, die sie zu ihrem Beruf gemacht hat: Ist sie wirklich Polin? Ein Kind, das drei Jahre in der Türkei lebte, sonst aber in Flensburg in einer halb türkischen, halb deutschen Welt aufwuchs: Was ist seine Heimat? Eine Deutsche, die aussieht wie eine Vietnamesin, die in dem einen Land lebte und das andere nur besuchte: Hat sie überhaupt eine Heimat?

Die gebrochenen Geschichten unserer Familien machen es schwer, eindeutig zu sagen, woher wir kommen. Wir sehen aus wie unsere Eltern, sind aber anders als sie. Wir sind allerdings auch anders als die, mit denen wir zur Schule gingen, studierten oder arbeiten. Die Verbindung von Biographie und Geographie ist zerrissen. Wir sind nicht, wonach wir aussehen. Wir wissen nicht, zu wie viel Prozent wir polnisch sind und zu wie viel deutsch; so denken wir gar nicht. Oft haben wir uns gefragt, ob unser Humor, unser Familiensinn, unser Stolz oder unsere Emotionalität aus dem einen Land kommen oder dem anderen. Haben wir sie von unseren Eltern geerbt? Oder in der deutschen Schule gelernt? Uns von unseren Freunden abgeschaut?

In unseren Tagebüchern haben wir den Zwiespalt aufgeschrieben: Wer bin ich, wenn ich nicht weiß, woher ich komme?

Uns fehlt etwas, das unsere deutschen Freunde, Bekannten und Kollegen haben: einen Ort, wo sie nicht nur herkommen, sondern auch ankommen. Wo sie Antworten auf sich selbst finden und andere treffen, die ihnen ähnlich sind – so stellen wir es uns zumindest vor. Wir hingegen kommen nirgendwo her und nirgendwo an. Es gibt keinen Ort, an dem wir unseren Zwiespalt überbrücken können, denn er liegt im Niemandsland zwischen deutscher und ausländischer Kultur. Wenn wir mit unseren deutschen Bekannten und Kollegen zusammensitzen, fragen wir uns oft: Gehöre ich wirklich dazu? Und wenn wir mit unseren polnischen, türkischen und vietnamesischen Bekannten und Verwandten zusammensitzen, fragen wir uns dasselbe. Wir sehnen uns nach einem Ort, an dem wir sein können, statt das Sein vorzuspielen. Gleichzeitig wissen wir: Das ist kein Ort, sondern ein Zustand.

Unser Lebensgefühl ist die Entfremdung. Sie wird begleitet von der Angst, die anderen in der Harmonie ihrer Gleichheit zu stören. Von der Angst, von den anderen als Fremdkörper wahrgenommen zu werden. Selten reden wir über dieses Gefühl. Wer könnte uns schon verstehen? Wir wollen normal sein, und wenn das nicht geht, wollen wir wenigstens so tun, als ob.

German Angst

Wir sind innerlich verkrampfte Menschen in einem innerlich verkrampften Land. Auch die Deutschen kennen dieses Gefühl der Entfremdung. Wir spüren ihre Scham über die Vergangenheit und gelegentlich sogar die Angst vor sich selbst. Die Angst ist alt, und sie verändert sich; je mehr sich das Land verändert, desto schwächer wird sie. Aber deutsch sein heißt immer noch: im Ausland Naziwitze ertragen, den Kopf gesenkt halten, die Fahne nur zur WM rausholen. Auch dieses Gefühl kennen wir nur vom Hörensagen: Wenn wir im Ausland sind, bekommen wir keine Naziwitze zu hören. Auch wenn wir noch so oft sagen, dass wir aus Deutschland kommen: Die anderen glauben nicht, dass die deutsche Geschichte auch unsere Geschichte ist.

Deutsch sein hieß bis 2000, deutsche Eltern zu haben. Das Staatsbürgerschaftsrecht zäunte die Gemeinschaft genau und genetisch ein, es hieß *Jus Sanguinis*, Blutrecht. Obwohl es inzwischen verändert wurde, können viele immer noch nicht glauben, dass Deutsche auch von nichtdeutschen Eltern abstammen können. Sie glauben nicht, dass eine Frau mit schwarzen Haaren und fremd klingendem Namen eine von ihnen sein könnte. Nie würden sie das Wort «Rasse» benutzen, aber letztlich klingt der Gedanke an: «Du bist doch nicht richtig deutsch. Was sind denn deine *Wurzeln*?»

Die ständigen Fragen nach der Herkunft, das Lob: «Sie sprechen aber gut Deutsch!», die Klischees in den Medien über Gangster-Türken und die Klischees im Alltag über polnische Putzfrauen – sie erzählen von dem verkrampften Umgang, den die Deutschen mit dem Fremden haben, immer noch. Von den Tabus, die die Worte rund um Herkunft, Identität und Patriotismus besetzen. Wer würde schon zugeben, dass sich die meisten Deutschen ihre Landsleute als hellhäutig vorstellen? Wer würde schon diese Worte benutzen: Rasse, Gene, Vaterland?

Diese Begriffe sind belastet. Und doch bräuchte es sie, um die deutsche Angst vor sich selbst und die deutsche Angst vor dem Fremden besser zu verstehen. Denn es gibt eine spürbare Verbindung zwischen der Ablehnung des Deutschen und der Ablehnung des Fremden. Wie kann ein Land, das sich selbst so lange nicht geliebt hat, seine Einwanderer lieben?

Wenn wir die deutsche Identität beschreiben, dann fällt uns ein: Sie ist traumatisiert. Sie quält sich mit Selbstzweifeln. Sie ist auf der Suche nach sich selbst. Es fällt uns schwer zu sagen, was sie ausmacht. Schon eher, was nicht: Sie ist nicht mehr faschistisch wie im Nationalsozialismus. Sie ist nicht mehr sozialistisch wie in der DDR. Und heute ist sie angeblich weder multikulturell noch fremdenfeindlich. Aber was ist sie dann?

Wir neuen Deutschen wollen das Selbstbewusstsein dieses Landes prägen; aber uns scheint, als hadern wir alle damit, welche Rolle wir spielen können, wie wir diesem Land zu einem neuen Umgang mit sich selbst verhelfen können, einem wärmeren und offeneren Umgang. Wie wir gemeinsam eine neue Form von Heimat finden können. Oder erfinden können.

Eigentlich wünschen wir uns, in Deutschland dazuzugehören. Wir wohnen hier, arbeiten hier, haben hier unsere Freunde, zahlen hier unsere Steuern. Unsere Zweifel werden wir trotzdem nie los. Nur schwer kommen uns die Worte «Deutschland ist unsere Heimat» über die Lippen. Vielleicht liegt es daran, dass wir selbst nicht daran glauben. Vielleicht sind wir trotzig, weil wir das Gefühl haben, dass uns die Deutschen nicht in ihre Heimat aufnehmen wollen. Ihre Ablehnung führt zu unserer Ablehnung. Und die führt zu weiterer Ablehnung: «Wenn es euch hier nicht gefällt, dann geht doch zurück, wo ihr herkommt!» Was sollen wir darauf antworten? Wir sind doch von hier.

Permanent suchen wir nach unserem Platz. Wenn wir uns irgendwo niedergelassen haben, bleiben wir rastlos, denn man könnte uns den Platz ja wieder wegnehmen. Wir verlassen Flensburg, adoptieren London, reisen dauernd, bleiben kurz. Unsere Lebensläufe verlaufen im Zickzack, in aneinandergereihten Stationen: Hier arbeiten wir, dort studierten wir, und drüben sind wir mit dem Freund zusammen. Wenn wir von jemandem hören, der in der Stadt seiner Eltern geblieben ist und sein Haus neben dem der Eltern baut, dann staunen wir. So kann man sein Leben auch planen?

Wir sind mit diesem Gefühl nicht allein. Unsere Generation ist mit der Globalisierung groß geworden. Wir sind es gewohnt, in ganz Europa zu studieren und zu arbeiten; ganz selbstverständlich bereisen wir die Welt, um unsere Freunde und Verwandten in fernen Ländern zu besuchen. Die Deutschen und die neuen Deutschen gehören zu dieser Generation, aber die einen sind durch ihre Familiengeschichte globalisierter und die anderen dafür verwurzelter. Was wir teilen, ist ein weiter Horizont. Er reicht über die Grenzen des Landes hinaus.

Das Zuhause in der Ferne

Manchmal besuchen wir die Heimat unserer Eltern, im Gepäck die heimliche Hoffnung: Vielleicht komme ich dort an. Und wenn wir dort sind, spüren wir tatsächlich Glück. Unsere Verwandten nehmen uns bedingungslos in die Familie auf, auf den Straßen gehen wir endlich in der Masse unter. Alle sehen so aus wie wir, haben Namen wie wir. Niemand findet uns komisch. Einen Urlaub, eine Recherchereise lang tun wir so, als gehörten wir dazu. Machen eine Seite in uns an wie das Licht im Kinderzimmer, zeigen Facetten, die in Deutschland verborgen bleiben. Wir können das, uns für eine Weile fallenlassen. Eintauchen in unsere andere Kultur.

In diesen Momenten erkennen wir uns selbst nicht wieder. Wir reden vor der vietnamesischen Großmutter nur nach Aufforderung. Wir bringen dem türkischen Onkel den Tee und gehen mit der polnischen Cousine in die Messe. Wir sprechen die Sprache der anderen mit unseren deutschen Akzenten, wir wollen uns an ihre Regeln halten. Wir spielen die Rolle der polnischen, türkischen, vietnamesischen Verwandten, denn wir sind Teil der Familie und Mitglied der ethnischen Gemeinschaft. Wir erzählen von «den Deutschen» und «dem Westen», und wenn wir einen Touristen aus Deutschland sehen, dann ist er auch für uns ein Fremder.

Es ist schön, zu einer anderen Gemeinschaft zu gehören. Es ist nicht schwer, nach anderen Regeln zu spielen. Welche Erleichterung, dass unsere vietnamesischen Cousinen von uns nichts weiter erwarten, als gemeinsam essen zu gehen. Wie befreiend ist es, in die türkische Großfamilie einzutauchen und ohne Zweifel und Widerrede das anzunehmen, was einem die älteren Familienmitglieder sagen. Wie berührend, auf der Straße von der polnischen Lehrerin gegrüßt und umarmt zu werden, weil sie sich noch immer an das Mädchengesicht von früher erinnert. Wir fühlen uns dann wärmer als in Deutschland. Wir sind keine Eindringlinge, sondern Ehrengäste. Man will uns hier treffen, sprechen und einladen. Wir sind willkommen.

Wir leihen uns die Heimat unserer Eltern, weil wir wissen, dass wir dort Besucher sind. Wir wissen, dass wir nicht leben können wie die Menschen dort. Wir sind froh, sie zu besuchen, aber wir sind auch froh, danach wieder nach Deutschland zu fahren. Egal, wie oft wir in die Heimat unserer Eltern reisen, egal, wie oft wir darüber schreiben, reden oder lesen: Wir werden dort nie zu Hause sein. Wir werden nie unseren Akzent verlieren, nie das Land so lieben, nie wirklich dazugehören. Wir wissen das und unsere Verwandten auch.

Die Marktfrau erkennt sofort, dass wir die aus dem reichen Deutschland sind. Wir haben doch bestimmt eine schöne Wohnung, denkt sie, bestimmt schicken wir Geld an die Verwandten – und sie verlangt einen zu hohen Preis. Sie weiß, dass sie ein Zehntel oder Zwanzigstel von dem verdient, was wir verdienen. Und wir wissen, dass sie es weiß, und fragen uns, ob sie neidisch ist, wütend oder resigniert. Wir schämen uns. Weil wir es besser haben als sie, obwohl wir nicht besser sind. Wir sind einfach nur aus Deutschland.

Wir schämen uns, mehr zu besitzen als unsere Verwandten; das iPhone, den Schmuck, die Markenklamotten. Wir nuscheln irgendetwas, wenn sie nach unserem Gehalt fragen, und fügen dann ungefragt hinzu: Das ist normal in Deutschland. Das klingt jetzt viel, aber das ist normal! Wir erzählen nichts von den vielen Reisen oder den vielen Abenden in irgendwelchen Bars. Wir haben Angst, dekadent und hedonistisch zu wirken. Denn wir wissen, unsere Verwandten arbeiten viel härter für viel weniger Geld. Wir fühlen uns wie Verräter. Unser Aussehen, das uns den Anschein von Gleichheit gibt, es ist eine Hülle.

Wenn wir im Ausland sind, spüren wir, wie deutsch wir sind. Warum haben wir diesen Akzent, diese Kleidung, dieses Geld? Warum sind wir nicht wie die, mit denen wir verwandt sind? Dass wir den Unterschied zwischen Deutschland und Polen, Vietnam und der Türkei verkörpern; dass wir dabei auf der Gewinnerseite sind, ohne etwas dafür getan zu haben – das können wir uns nur schwer verzeihen.

Ohne es zu wollen, schauen wir mit deutschen Augen auf die Verwandten und ihre Leben. Und ohne es zu wollen, sind wir irritiert. Warum sind die Polen so scharf auf dicke Autos? Warum müssen die türkischen Schüler jeden Morgen ihre Liebe zum Vaterland besingen? Warum haben Frauen in Vietnam nichts zu sagen? Warum ist das Land so korrupt, die Regierung so schwach, die Bevölkerung so arm? Warum ist es nicht so sicher, demokratisch und zuverlässig wie in Deutschland? Wir hinterfragen die Werte und Regeln des Landes von außen. Unser Blick, unsere Gedanken zeigen uns dann, dass wir auch hier Fremde sind. Andere merken es auch. Wenn wir in der Heimat unserer Eltern sind, werden wir «Auslandsvietnamesen», «Deutschländer» oder «die aus dem Reich» genannt.

Etwas nagt an uns, wenn wir Polen, Vietnam oder die Türkei besuchen. Ein Gefühl von Unvollständigkeit, das Gefühl, den anderen nicht gerecht zu werden. Das schlechte Gewissen, ihnen finanziell überlegen zu sein. Die Schuld, sie nach unserem Besuch in ihrem Leben zurückzulassen. Die Erleichterung, dass es für uns eine Alternative gibt. Die Enttäuschung: Auch hier kommen wir nicht an. Wir sind hier keine Schwestern, sondern Cousinen. Einen Grad entfernt vom echten Polen, echten Türken, echten Vietnamesen. Wieder haben wir die Zugehörigkeit nur gespielt.

Wir kehren zurück nach Deutschland und merken, dass hier unsere Leben sind. Dass wir uns hier wohler fühlen. Zu Hause. Aber das Wort «Heimat» kommt uns immer noch nicht über die Lippen. Es hängt fragend in der Luft, eine Idee, die einfach nicht in unsere Wirklichkeit passen will. Deutschland ist nicht unsere Heimat, aber das Land unserer Eltern ist es auch nicht. Wir finden uns damit ab. Wir spüren die Leere, aber wir sehen auch die Logik. Unser Charakter wurde nicht von einem Ort geprägt, sondern davon, dass es nicht den einen Ort gab. Davon, dass wir nicht einen Ursprung haben, sondern zwei Kulturen. Irgendwann begriffen wir: Wir haben kein Manko, wir haben mehr.

Wir verändern uns mit jeder Station, jeder Entfremdung und jeder Annäherung an die Traditionen unserer Eltern und Freunde. Mal schillert die eine Facette durch und mal die andere. Manchmal erkennen wir uns selbst nicht wieder, manchmal erkennen uns die anderen nicht wieder. Wir sind nicht, wir werden. Es ist leicht, sich dabei zu verirren oder selbst zu verlieren. Aber es ist auch befreiend. Wir werden nicht in Haft genommen für das deutsche Verbrechen oder den vietnamesischen Kommunismus. Wir entscheiden uns dafür, stolz auf das polnische Wachstum oder die türkische Modernisierung zu sein. Und wir finden es inzwischen gut, dass wir verschiedene Kulturen verkörpern: Manchmal sind wir diszipliniert wie Deutsche, manchmal stolz wie Türken, melancholisch wie Polen oder loyal wie Vietnamesen. Wir sind vieles auf einmal. Wir irritieren andere, aber wir interessieren sie auch.

Vielleicht ist die Vorstellung von Heimat keine so gute Idee mehr. Sie passt nicht in eine Gesellschaft, in der so viele Menschen zerrissene Lebensläufe und verschiedene Kulturen haben. Sie passt nicht in diese Zeit, in der die Kinder gleich nach der Schule ausziehen, in ein anderes Bundesland gehen oder gleich für mehrere Jahre ins Ausland; in der sich Liebende nicht in der Nachbarschaft, sondern über das Internet finden und sich an einem dritten Ort etwas Gemeinsames aufbauen. In der immer weniger Menschen sagen: Köln oder Schwerin ist meine Heimat, weil dort meine Großeltern begraben liegen und ich dort geboren und geblieben bin. Deutschland ist grenzüberschreitender und rastloser geworden. Ein neues Bewusstsein entsteht, ein neues Deutschlandgefühl. Eine neue Art von Heimat.

IV. Unser anderes Land

Verrat an Polen

Ich hatte einen Begleiter zwischen dem, was Heimat war, und dem, was Heimat werden sollte. Es war das Fieber. Es packte mich, nachdem ich in Deutschland erfahren hatte, dass wir nie wieder in unsere Wohnung im vierten Stock eines sozialistischen Blocks in Krapkowice zurückkehren würden. Und es griff wieder nach mir, als ich nach 21 Jahren dorthin zurückkehrte. Die 39, 40 Grad, sie erinnerten mich daran, wie viel Wucht Aufbruch und Rückkehr haben können.

Heimat roch für mich nach Hühnersuppe, die meine Mutter immer sonntags in der winzigen Küche kochte; nach dem Kalk unverputzter Häuserfassaden und der nassen Erde in unserem Schrebergarten, in dem meine Eltern jede freie Minute verbrachten. Heimat, das waren die Rufe der Nachbarinnen, wenn sie sich aus dem Fenster lehnten und ihre Kinder zum Essen nach Hause riefen; ihr Polnisch klang weich und hart zugleich, wenn die Zischlaute, dieser klagende Singsang, durch Konsonanten unterbrochen wurde. Heimat, das waren die 45 Quadratmeter, die wir uns zu viert teilten; es waren Nachbarjungs, mit denen ich die Tage draußen bolzend verbrachte, ohne dass uns jemand vermisste; es war der sozialistische Drill in der Schule und die dreckige Luft, die ganze Häuserwände verrußte; stundenlanges Stehen in den Schlangen vor den Läden, wenn es einmal Apfelsinen geben sollte oder Milch. Meine Heimat war ärmlich. Sie konnte meine Eltern nicht halten. Heimat ist heute eine verklärte Vorstellung, die ich mir über die Jahre zugelegt habe.

Da sitze ich nun in der Küche unserer Bekannten, die meine Eltern damals als Einzige eingeweiht hatten in ihre Fluchtpläne. Sie nahmen unseren Hund zu sich, den wir zurückließen; sie halfen, unsere Wohnung aufzulösen. Ich nenne sie Tante und Onkel, obwohl wir nicht verwandt sind. Meine Tante nimmt mich in die Arme, kneift mich in die Seite und befindet, dass ich mehr essen müsse. Sie tischt Piroggen, gefüllte Teigtaschen, mit Sauerrahm auf und weint ein bisschen, weil ich auf einmal da bin. Dann erzählt sie.

«Marcysia ist zurück aus England, endlich haben wir sie zurück.»

Marcysia ist die jüngste Tochter. Sie hat ihren Abschluss in Geschichte gemacht und dann zwei Jahre lang in der Nähe von London gekellnert.

«Deine alte Schule gibt es nicht mehr.»

«Die Schuhfabrik ist dichtgemacht worden.»

«Euer Schrebergarten ist vollkommen verwildert, nichts haben die jetzigen Besitzer gemacht, gar nichts. Sag es nicht deiner Mutter, es würde ihr das Herz brechen.»

«Ach, und die Zosia ist verstorben.»

Frau Zosia war unsere Nachbarin, sie wohnte einen Stock unter uns. Ich habe immer mit ihrem jüngsten Sohn gespielt, der jetzt offenbar in Deutschland lebt. Später suche ich ihr Grab auf dem städtischen Friedhof, aber ich finde es nicht.

Alles kommt mir bekannt vor, diese Küche, die Straße, die wir eben noch entlanggefahren sind, der kleine Kiefernwald. Aber die Luft riecht nicht mehr nach Kohle und Abgasen, weil die meisten Wohnungen Zentralheizung haben und die Autos einen Katalysator. Die Gleise sind stillgelegt, es fahren keine Züge mehr. Mein Kindergarten wurde abgerissen und stattdessen ein verspiegelter Kasten irgendeiner Versicherung gebaut. Auf den Wiesen, auf denen ich gespielt habe, sind Supermärkte entstanden, groß wie Fußballfelder. Die Jüngeren sehen anders aus, als Jugendliche vor 20 Jahren ausgesehen haben. Sie tragen Klamotten von H & M und Zara, wie alle in Europa. Alle haben Autos, alle haben Wohnungen, alle haben Kredite aufgenommen. Sie haben Sorgen, die ich nicht kenne, sie haben Ziele, die ich nicht habe.

Ich frage mich, was ich hier eigentlich suche nach über 20 Jahren. Was hoffe ich zu finden?

Meine Tante und mein Onkel, ihre Tochter Marcysia, niemand hier fragt mich, warum ich all die Zeit nicht da war. Sie sagen nichts, als sie mein Polnisch hören, sie winken ab, als ich sie darum bitte, meine Fehler zu korrigieren: «Du sprichst doch gut!» Sie wissen, dass ich Journalistin bin. Ich werde dafür bezahlt, über Polen, über ihr Land, zu berichten. Sie fragen mich: Hast du über dieses Thema geschrieben oder über jenes? Nein, wirklich, du hast Soundso getroffen? Ist nicht wahr! Wie ist denn dieser Politiker oder jener? Was denken die Deutschen darüber?

Die Deutschen. Ich sage nicht, *ich* sehe das so und so. Ich antworte: *Die Deutschen*, die sehen das so und so. Ich rechne mich raus aus den Deutschen. Aber meine Tante und mein Onkel, sie rechnen mich nicht rein zu den Polen. Sie sprechen von uns, den Polen, und euch, den Deutschen. Ich komme in ihrem «uns» nicht mehr vor.

Ich kenne die Geschichten über die Deutschen, die mal Polen waren wie wir. Es ist keine 15, 20 Jahre her, da fielen sie regelmäßig in ihre Heimat ein, mit dicken Autos und teuren Klamotten, die sie sich eigentlich nicht leisten konnten. Sie sprachen übertrieben laut auf Deutsch in ihre Handys, ein Deutsch, das gebrochen und schlecht war, aber das konnte ja niemand beurteilen. Sie streuten deutsche Wörter in ihr Polnisch. Sie taten so, als fiele es ihnen schwer, polnisch zu sprechen, obwohl sie in Deutschland immerzu polnisch sprachen. Sie wollten zeigen, dass zwei, drei Jahre gereicht haben, um sie deutsch werden zu lassen. Es war grotesk, aber es spiegelte das Verhältnis zwischen Deutschland und Polen wider, wie es früher war: Deutschland war überlegen und begehrenswert, Polen arm und grau. Jeder, der diesem Land entronnen war, musste sich als strahlender Sieger inszenieren, für fünf oder sechs Tage, denn zurück in Deutschland würde die Sache wieder ganz anders aussehen.

Marcysia sagt: «Am nervigsten war, dass sie so fürchterlich mit ihrem Geld angegeben haben. Bei ihnen im Reich war alles besser und größer, sagten sie. Sie dachten, dass sie ein besseres Leben haben als wir, obwohl sie in Deutschland hart schuften mussten für wenig Geld. Und hier in Polen gaben sie dann die Reichen.»

Sie spricht von Deutschland und sagt «Reich», Rajch auf Polnisch. Ich schlucke, aber das Wort fällt ihr nicht auf. Sie kennt es seit klein auf. Damals hörte sie immer «raj», Paradies. Sie sah diese Protzer einfallen, die früher arm waren, und dachte: Da ist also das Paradies.

«Waren wir auch so?»

«Ich weiß es nicht. Wir hatten doch so lange fast keinen Kontakt.»

Ich glaube nicht, dass meine Familie und ich diesen geltungssüchtigen Reigen aufgeführt haben. Aber ich fühle mich dennoch, als hätte ich meine Heimat verraten. Niemand macht mir Vorwürfe, ich konnte nichts dafür, dass wir weggegangen sind. Aber ich war es, die das Polnische in sich hergegeben hat. Es hat wenige Wochen gedauert, bis mein polnischer Name eingedeutscht wurde, und ein Jahr, bis mein Polnisch von einem deutschen Akzent durchzogen wurde, für den mich meine polnische Cousine bei ihren Besuchen verlachte. Ein weiteres Jahr, und ich sprach so gut wie gar kein Polnisch mehr. Besuchte ich meine Großeltern im Süden Polens, und das kam sehr selten vor, sah ich ihnen die Enttäuschung darüber an, weil sie sich kaum noch mit ihrem Enkelkind unterhalten konnten. Früher bekamen wir die Päckchen mit Schokolade und Bananen aus dem Westen, nun schickten wir sie. Ich hatte das Polnische in mir stillgelegt, weil es nicht so viel wert war wie das Deutsche. Aber nun fühle ich mich dafür schuldig: weil ich mich für das eine und gegen das andere entschieden habe.

Wo ich herkomme, müsste das Uneindeutige eigentlich gewöhnlich sein. Schlesien hat eine deutsche, polnische, böhmische Geschichte, die seit Jahrhunderten ineinander verwoben ist. Ich hatte einen polnischen Großvater, der auf den Namen Tarkowski hörte und während des Zweiten Weltkrieges Zwangsarbeiter in Deutschland war; ich habe einen deutschen Großvater, der Botta hieß und zur selben Zeit für die Wehrmacht an der Ostfront kämpfte. Die beiden verstanden sich übrigens bestens. Als mein Großvater nach fünf Jahren russischer Kriegsgefangenschaft zurückkehrte, lag seine Heimat, vorher deutsch, in den Grenzen des polnischen Staates. Seinen Namen Botta machten die Behörden zu Bota, Degermanisierung nannten sie das. In diesem Gewirr von Zugehörigkeiten hätten wir uns als Europäer, Schlesier oder was weiß ich was fühlen müssen, erhaben über Nationalitäten oder Grenzen, die sich ständig veränderten. Stattdessen aber hechelten wir Eindeutigkeiten nach.

Wenn ich damals überhaupt über Heimat sprach, dann so: Dieses Heimatdingsda, das war meinetwegen bis 1988 Polen, dann kam eine lange Zugreise, und nun ist dieses Heimatdingsda Norddeutschland, das platte Land, das Meer und das Nuscheln. Später wurde es wieder ein anderer Ort und dann noch ein anderer und noch ein anderer.

So wie ich blind war für meine eigene Sehnsucht nach Heimat, war ich auch blind für die Sehnsucht von Vertriebenen danach. Sie kamen mir wie Ewiggestrige vor, die nur ihr Schicksal sahen, ihren Verlust, die wütend darüber waren, dass sie den Preis für einen verlorenen Weltkrieg zahlen mussten. Solche gab es. Aber ich sah nicht die stille Mehrheit von ihnen, die keine Forderungen stellte, sondern irgendwann in ihrem Leben die Reise in den Osten antrat. Sie fuhren nach Pommern, Schlesien oder Königsberg; standen vor den Häusern ihrer Kindheitstage, in denen nun Fremde wohnten. Hier hatten sie zum letzten Mal ihre Familien ganz erlebt, glückliche Kindertage verbracht, bevor der Vater an die Front musste, bevor ihre Familienerzählung abbrach und sich nicht mehr weiterschreiben ließ. Darum weinten sie, wenn sie zurückkehrten an den Ort ihrer Kindheit. Er war verloren, aber für immer ein Teil von ihnen.

Ich weiß nicht mehr genau, wann ich zum ersten Mal spürte, dass mir etwas in meinem Leben fehlt. Dieses Gefühl hat kein Datum, es wuchs langsam heran. Es entstand aus der Sehnsucht, die eigene Erzählung, die ebenfalls so abrupt abbrach, zu erzählen. Ganz und nicht nur mit einem polnischen oder einem deutschen Teil. Ich wollte mir mein Land wiederholen, meine Heimat hinüberretten in mein deutsches Leben. Als Studentin belegte ich Kurse zur polnischen Transformation oder Seminare zur polnischen Literatur. Ich beschloss, ein Jahr in Polen zu studieren. Vor der Abreise besuchte ich an meiner deutschen Universität einen Sprachkurs: Dort saßen lauter Polen, die ihr Polnisch verbessern wollten. Eigentlich sprachen sie es alle fließend, selbst jene, die drei, vier Jahre alt gewesen waren, als sie das Land verließen. Nur ich nicht. Da war es wieder, das Gefühl der Schuld.

Als ich dann nach Polen ging, sah ich, dass es nicht das Land war, das ich mir aus den Erinnerungen einer Achtjährigen gebaut hatte. Ich staunte, wie unvorstellbar es sich in den letzten 20 Jahren gewandelt hat. Vielleicht ist es Zufall, vielleicht Pragmatismus, dass ich als Journalistin gerade über Polen schreibe, weil ich heute die Sprache wieder spreche. Vielleicht aber habe ich diesen Weg gewählt, um ein bisschen dem Vertrauten zuzuschauen, und sei es als Fremde.

Es gibt in Polen diese wunderbare Eigenart, fremde Menschen nicht mit ihrem Nachnamen anzusprechen. Frau Müller zu sagen, das gilt als herablassend. Man nimmt den Vornamen. Oder den Beruf. Frau Redakteurin. Frau Doktor. Herr

Professor. Frau Agnieszka. Herr Tomek. Wenn ich in Warschau recherchiere und Politiker treffe, dann blicken sie auf die Visitenkarte, lesen Alice und sagen: Frau Alicja. Wie die Autokorrektur in einem Sprachprogramm, die weiß, was eigentlich gemeint ist. Ich antworte dann etwas auf Polnisch, es klingt schräg: falsche Grammatik, deutscher Akzent, armselig wenige Wörter. Es ist zu gut für eine Deutsche, aber zu schlecht für eine Polin. Manchmal fange ich an zu erklären, obwohl selten jemand nachfragt; manchmal mogele ich, erzähle, dass ich nicht acht, sondern ein klitzekleines Kind war, als wir nach Deutschland kamen, und unschuldig an diesem Malheur mit der Heimat. Ich versuche dann immer, in den Gesichtern der anderen zu lesen. Am liebsten würde ich da schon rufen, Euer Ehren, ich gestehe, ich bekenne mich schuldig, ich bin eine von denen, die rübergemacht haben, superdeutsch geworden sind und dafür alles Polnische an sich ausradieren mussten, inklusive des Namens.

Der Richter steht nie vor mir, nie musste ich mich bisher vor einem Gesprächspartner in Warschau verteidigen. Vermutlich kennen sie sehr viele dieser Geschichten, die sich oft gleichen. Ich bin es, die sich rechtfertigt. Ich bin mir selbst Anklägerin, Verteidigerin und Richterin zugleich.

Als Wolfgang Schäuble noch Bundesinnenminister war, da sprach er sich gegen die doppelte Staatsbürgerschaft aus, weil sie doppelte Loyalitäten schaffen würde. Aber das stimmt nicht. Ich habe zwei Pässe, doch ich verspüre keine Loyalität gegenüber einem Staat oder einer Regierung, die mich in Bedrängnis bringen könnte. Die einzige Loyalität, die mich quält, ist die gegenüber den Menschen und ihrer Geschichte, aus deren Mitte ich mit acht Jahren herausgerissen wurde, ohne gefragt zu werden. Ich wünschte, es hätte einen Weg gegeben, das zu bewahren, was sie mir mitgegeben haben, und es mit Stolz zu tragen. Ich wäre dann weder Deutsche noch Polin, sondern eine Deutschpolin. Ich finde, das klingt nicht schlecht. Es klingt sogar ziemlich gut.

Als nach Tagen die Abreise aus der alten Heimat ansteht, bringt mich meine Tante, die keine ist, zum Zug. Ich habe sie schon am Morgen in der Küche stehen sehen, ich sah, wie sie Brote dick mit Käse belegte. Sie kochte Eier, packte einen halben Liter Trinkjoghurt ein und zwei Tafeln Schokolade. Sie wickelte ein halbes Dutzend Tomaten sorgfältig in Alufolie und legte noch ein paar Äpfel dazu. Genug für einen ganzen Familienausflug. Dann stehen wir am Gleis, meine Tante umarmt mich und drückt mir die Tüte in die Hand. Ich protestiere: «Tantchen, es sind doch nur neun Stunden Fahrt und nicht neun Tage. Im Zug gibt es doch ein Restaurant!» Es hilft nichts. Ich bin wieder auf dem Weg nach Deutschland, aber diesmal in einem schnelleren Zug und besser versorgt als noch vor 21 Jahren.

Und in Deutschland, noch bevor der Zug daheim im Norden in den Bahnhof einfährt, werde ich meine Eltern anrufen, ich werde zu ihnen sagen, auf Polnisch, damit mich niemand im Zug versteht: «Ich bin zurück. Holt ihr mich ab?»

Die Sache mit der Türkei

Ich war gerade in Istanbul gelandet und lief über die langen, blankgeputzten Gänge zur Passkontrolle. Wie in vielen anderen Städten der Welt gibt es auch am Flughafen in Istanbul Kontrollschalter für eigene Staatsbürger und welche für Ausländer. In Istanbul stehen vielleicht zwei Dutzend kleine Glas-Kabinen, in denen ein meist recht ernst dreinblickender Beamter sitzt. Man sieht, wenn man davorsteht, nur seinen Kopf, darüber hängt eine kleine Kamera, die den Ankömmling filmt.

An diesem Tag war an den Schaltern für türkische Staatsbürger nichts los, daneben drängten sich die Ausländer in langen Schlangen. Da ich es eilig hatte, dachte ich mir, komm, probier's einfach, und ging mit meinem deutschen Pass in der Hand zum türkischen Schalter.

«Merhaba», grüßte ich fröhlich. «Ist doch sicher okay, wenn ich als Ehemalige mich bei Ihnen anstelle, oder?» Ich fand das Wort «Ehemalige» sehr lustig und war ganz sicher, dass sich der Beamte über so viel staatsbürgerlichen Pragmatismus ebenfalls amüsieren und mich schon durchwinken würde. Einmal Türke, immer Türke, oder? Ich dachte, Türken denken so. Der Beamte begutachtete das Papier.

«Haben Sie auch einen türkischen Pass?»

«Nein.»

«Der Schalter für ausländische Reisende ist nebenan, junge Dame.»

«Aber kann ich nicht, ich meine … ich bin ja praktisch beides und hatte vor wenigen Jahren noch den türkischen Pass.»

«Sie haben einen deutschen Pass, also sind Sie deutsche Staatsbürgerin. Wenn Sie keinen türkischen Pass haben sollten, stellen Sie sich bitte am richtigen Schalter an.»

Der Beamte hatte ja recht, wenigstens formal. Dennoch fühlte ich mich wie eine Abtrünnige, die für ihre Abtrünnigkeit bestraft wurde. Auch die Türken nahmen das mit der Staatsbürgerschaft also ernst. Ernster, als ich angenommen hatte. Ich war nicht mehr eine von ihnen, weil ich meinen türkischen Pass abgegeben hatte.

Was hatte ich eigentlich von dem türkischen Grenzbeamten erwartet? Sollte er verstehen, dass ich offiziell keine Türkin mehr war, aber inoffiziell schon? Mir wurde klar, dass ich in der Türkei wie eine Türkin und in Deutschland wie eine Deutsche behandelt werden wollte. Das fand ich nicht zu viel verlangt.

Ich war 24 Jahre alt, als ich die Staatsbürgerschaft gewechselt habe. Damals war ich mitten im Studium und reiste oft ins Ausland. Und die türkische Staatsbürgerschaft stand dabei meist im Weg. Sie war weniger wert als die deutsche, überall brauchten wir Türken ein Visum. Das nervte. Während der Schulzeit hatten wir uns daran gewöhnt. Sogar ein Tagesausflug nach Dänemark, keine zehn Kilometer von meiner Schule in Flensburg entfernt, wurde jedes Mal zum Problem, weil wir Wochen vorher das Visum beantragen mussten. Eine Reise scheiterte sogar: Kurz vor dem Abi wollte ich mit einer Freundin, ebenfalls Türkin, in den Herbstferien nach London. Die Bearbeitung unserer Visa-Anträge brauchte jedoch so lange, dass wir nicht mehr fahren konnten. Die Ferien waren vorbei. Wir empfanden es als Demütigung.

Das sollte mir als Erwachsene nicht mehr passieren. Ich

nahm mir also vor, die deutsche Staatsbürgerschaft zu beantragen. Der deutsche Pass war die Eintrittskarte für jedes Land der Welt, dachte ich. Dafür musste ich sehr oft ins «Amt für Ausländerangelegenheiten», saß stundenlang auf harten Plastikstühlen, die in langen, kahlen Fluren mit Linoleumböden standen. Es war wie im Krankenhaus. Um mich herum die ganzen «richtigen» Ausländer und Asylbewerber, die auf demselben Flur vor den Nachbarbüros warteten, um ihren Aufenthalt in Deutschland verlängern zu lassen, oder sonst irgendetwas anderes wollten. Ich bin doch nicht wie die, dachte ich. Bin ich hier eigentlich richtig? Bin ich nun auch eine Bittstellerin, die etwas von Deutschland will?

Mein Sachbearbeiter hat wirklich nur meine Sache bearbeitet – für ihn war ich eine Nummer, eine Akte wie jeder andere auch. Schon klar, wie sollte er sich auch mit jedem Fall einzeln beschäftigen? Und warum auch nur eine Minute länger, als er musste? Es interessierte ihn nicht, ob ich hierhergekommen war, um mich zu Deutschland zu bekennen. Umgekehrt fühlte es sich für mich nicht so an, als würde er mir helfen, in eine neue Gemeinschaft aufgenommen zu werden. Doch zunächst musste ich einiges dafür tun, um Deutsche zu werden. 500 Euro bezahlen, einen Haufen Papiere beim türkischen Konsulat besorgen, diesen Haufen dann zum deutschen Ausländeramt tragen, die Heiratsurkunde meiner Eltern ins Deutsche übersetzen lassen (ich habe nie verstanden, warum), wieder ins Amt tragen, dann etwa ein Jahr warten.

Dann kam der Tag, an dem ich meine Einbürgerungsurkunde abholen sollte. Mein Sachbearbeiter hatte das mintgrüne Dokument mit eingestanztem Bundesadler in eine

Klarsichtfolie gesteckt, nun stand er von seinem Bürostuhl auf, überreichte sie mir und gab mir völlig unvermittelt die Hand. Ich glaube, er hielt das für feierlich. Dann sagte er: «Herzlichen Glückwunsch.»

Ich verstand das nicht und fragte mich, warum er mich beglückwünschte, nachdem er mir monatelang nicht mal richtig ins Gesicht geschaut hatte. Ich war doch einer der Ausländer oder Asylbewerber, egal, irgendeiner von denen, die da in dem Amt herumliefen und irgendetwas wollten. Und ich schämte mich, weil ich nur deshalb Deutsche werden wollte, um keine Visa mehr beantragen zu müssen. Nicht etwa, um endlich wählen zu können. Warum hatte ich keine edleren Motive? Mir wurde klar, dass ein Pass mehr war als ein Papier. Dass er etwas mit mir machte. Ich wusste nicht genau, was, aber eine Deutsche war ich jetzt nicht geworden. Stattdessen wurde mir der Verlust bewusst. Plötzlich, als deutsche Staatsbürgerin, wurde mir die Türkin in mir wichtig. Ich lief allein nach Hause und fragte mich: Was habe ich für einen feuchten Händedruck eigentlich aufgegeben? Was war ich denn nun? Und wo war ich zu Hause? Warum schockte mich das alles plötzlich so?

Heute kenne ich den Grund. Ich hatte den türkischen Teil meiner Identität abgegeben, ohne das Gefühl zu haben, dass mir der deutsche anerkannt wurde. Ich hatte das Land verraten, aus dem meine Eltern kommen. Ich hatte meine Familie dort, meine Erfahrungen, ja, einen Teil meiner Kindheit aufgegeben, und es hatte mich nur ein Jahr Wartezeit gekostet.

Früher war die Türkei für mich immer das Reserveland. Als Jugendliche dachte ich: Gut, dass wir die Türkei haben;

wenn das hier einmal schieflaufen sollte, dann gehen wir halt zurück. Manchmal, aber immer nur für kurze Momente, kam es mir vor wie ein Vorteil gegenüber den deutschen Kindern, die ja nur ein Land hatten. Es war endlich etwas, das *wir* mal mehr hatten. Ich freute mich darüber, auch wenn wir als Kinder dieses andere Land fürchteten. Deutschland war einfach cooler. Hier gab es tolles Fernsehen, Pommes, Schulfreunde, man konnte auch mal allein in die Stadt oder ins Kino gehen. Es war alles bekannt. Vertraut.

In den langen Sommerferien, die ich bis zum Abitur immer mit meinen Eltern und meinem Bruder in der Türkei verbrachte, war das alles plötzlich weg – für sechs lange Wochen. Oft verstanden wir nicht, worüber sich die Leute gerade aufregten, warum welche Neuigkeit, welche Nachricht nun so entscheidend für das Land war. Dabei waren wir doch Türken – wir hätten wissen sollen, was in «unserem» Land passierte. Sagten wir uns manchmal. Sagten manchmal auch meine Eltern, aber sogar sie hatten Schwierigkeiten, das alles zu verstehen. Selbst sie waren schon zu weit und zu lange weg. Wir kannten die Serien nicht, für die sich die gesamte Familie jeden Abend vor den Fernsehern versammelte; wir wussten nicht, wer gerade mit wem in der Soap XY eine heiße Affäre hatte. Wir kannten nicht die Sänger, die gerade angesagt waren, deren Lieder alle sangen und die überall, aus jedem Geschäft, aus jedem Dolmuş, dem Sammeltaxi, schallten. Wir waren die trotteligen Langweiler, die nie mitsingen konnten.

Dennoch konnten wir uns an die türkische Heimat und ihre Kultur wie auf Knopfdruck anpassen, denn wir kannten sie von unseren Eltern. Waren wir irgendwo zu Besuch, bei

Bekannten meiner Eltern oder bei entfernten Verwandten, hieß es: «Sei ein höfliches Mädchen, geh und hilf in der Küche!» Ich fand das komisch, irgendetwas daran war schräg. Aber ich tat es, weil ich wusste, dass sich das so gehört. Oder wenn ältere «Tanten» (alle älteren Frauen werden «Tante», «große Schwester», sogar «Mutter» oder «Großmutter» genannt) mit meiner Mutter über mich sprachen, kam ich oft nur in der dritten Person vor – während ich danebenstand: «Was macht deine Tochter denn? Läuft es gut in der Schule? Allah möge es dir leichtmachen in der Fremde, meine Liebe.» Sie fragten selten, wie es mir ging. Die Frage, die wir Kinder am häufigsten hörten, war: «In welchem Land ist es schöner: in der Türkei oder in Deutschland?» Sie erwarteten, dass wir mit «Türkei» antworteten. Meine Antwort war meistens Schulterzucken. Ich wollte niemanden beleidigen.

Wir gewöhnten uns im Sommer auch schnell daran, Hände zu küssen. Jüngeren gebietet es der Respekt, älteren Menschen – seien es Verwandte oder nicht – die Hand zur Begrüßung und zur Verabschiedung zu küssen. Bei meinen Eltern und den engsten Verwandten empfand ich das selten als Problem, auch als Jugendliche nicht. Vielleicht weil sie es nicht verlangten, sich aber still freuten, wenn wir es taten. Es war die Freude darüber, dass wir in Deutschland nicht alle Regeln vergessen hatten. Bei fremden Menschen allerdings mochte ich das Händeküssen schon als Kind nicht. Es sei denn, es war Feiertag. Da küssten wir gern und freiwillig die Hände, egal wessen. Es gab dann Geld oder Süßigkeiten. Wenn Zucker- oder Opferfest war, liefen wir den ganzen Tag von Haus zu Haus und küssten Hände wie am Fließband, um mit Taschen voller Naschkram und Kleingeld nach Hause zurückzukehren.

Mir kam es als Jugendliche nie so vor, als würde irgendjemand in der Türkei auf die Idee kommen, dass wir nicht dazugehörten. Wir wurden zwar Deutschländer genannt, aber die Türken sahen uns als Landsleute, die jederzeit zurückkonnten. Erst als Erwachsene begriff ich, dass das nicht stimmte. Wir waren keine wirklichen Landsleute mehr, sondern Fortgegangene, die sich veränderten und nicht mehr so recht in die Türkei passten.

In meinem Beruf begann ich, das Land aus einer anderen Perspektive als aus der meiner Familie zu betrachten, und verstand, dass die Türkei und die Türken uns Deutschland-Türken entwachsen waren. Wir waren zu Stiefgeschwistern geworden. Während die Türken in Deutschland nur noch dadurch auffielen, dass sie schlecht Deutsch sprachen und auch sonst viele Probleme hatten, wurden sie von den Türkei-Türken überflügelt. Besonders bei den jüngeren ist es mittlerweile keine Seltenheit mehr, dass sie schon einmal in Europa waren oder dort studiert haben. Sie erschließen sich die Welt besser als so manches türkische Gastarbeiterkind in Deutschland. Keiner würde es jemals aussprechen, aber: Wir wurden ihnen irgendwann peinlich.

Die Türkei-Türken sehen uns, die Deutschländer, eben nicht mehr bedingungslos als die «ihren» an. Wir sind die «gurbetçi», die «Entfremdeten». Wir sind die Ehemaligen, die irgendwann einmal das Land verlassen haben, um in Deutschland zu arbeiten. Wir sind in ihrer Wahrnehmung die ungebildeten Arbeiter und deren Nachkommen, die früher in den Sommerferien in Kolonnen in die alte Heimat einfielen, nachdem sie schlaflos in zwei Tagen durch halb Europa runtergedüst waren, um dann mit neureichem Gestus Geschenke zu verteilen. Feinstrumpfhosen, Nescafé, Schokolade. Deutsche Schokolade – ich weiß nicht, wie viele hundert Kilogramm Schokolade meine Mutter in mittlerweile 40 Jahren zu den Verwandten getragen hat. Sie ist eine von denen, die immer noch nicht wahrhaben wollen, dass die türkischen Supermärkte mittlerweile voll sind mit Schokolade aus Deutschland. Es bringt auch nichts, dass die Verwandten sagen, sie könne mit dem Schleppen aufhören. Es sitzt zu tief in ihr drin.

Häufig halten uns Verwandte und Freunde vor, dass wir ihr Land nicht mehr verstehen. Sie sagen dann: Das hier ist die Türkei, das ist nicht so wie bei euch in Deutschland. Besonders oft höre ich diesen Satz von meiner Cousine. Eine kluge Frau, Mitte 20, Studentin. Wenn ich in Istanbul bin, sprechen wir viel über Politik, über Deutschland und die Türkei. Im Grunde ist ihr Leben nicht viel anders verlaufen als meines, auch sie ist nach der Schule von zu Hause ausgezogen, auch sie hat in einer anderen Stadt studiert. Auch sie hat viele Freiheiten, aber nicht alle. Doch unsere Ansichten über die Welt könnten nicht unterschiedlicher sein. Sie glaubt beispielsweise, dass alle Politiker korrupt sind. Sie hat es so gelernt. Sie glaubt auch, dass die neue, öffentlich gelebte Religiosität mit mehr Kopftüchern und bärtigen Männern und mit einer islamischen Partei an der Regierung eine Gefahr für die Türkei bedeutet. Darüber streiten wir am häufigsten. Ich sage dann so etwas wie: «Aber es ist doch gut, dass Menschen freier ihren Glauben zeigen können, als sie es früher vielleicht konnten. Dass sie nun wahrnehmbarer Teil der türkischen Öffentlichkeit sind.» In Deutschland, fahre ich dann fort, regiert zurzeit eine Partei, die das Wort «christlich» im Namen trägt.

Meine Cousine warnt mich dann immer: «Aber Özlem abla (große Schwester), du verstehst das nicht, weil du denkst, das sei hier wie in Deutschland. Die bedrängen uns mit ihren Kopftüchern. Die wollen uns alle umkrempeln! Die wollen die Scharia!»

Säkulare Türken, so wie meine Cousine, betrachten sich als Bewahrer des Erbes von Staatsgründer Atatürk, der die Religion strikt vom Staat trennte, sie aus der Öffentlichkeit in die Privatheit verbannte. Meine Cousine sieht besonders die streng gebundenen Kopftücher in der Öffentlichkeit skeptisch, vor allem jene der neuen, selbstbewussten Generation von jungen Frauen. Ich sage dann oft: «Übertreibst du nicht ein wenig? Warum sollen Kopftuchträgerinnen nicht das Recht haben, sich in der Öffentlichkeit zu zeigen?» In ihrem Land, kontert sie dann, sei das nun mal etwas anderes. Kopftücher, öffentlich gelebter Glauben, das seien Relikte aus längst vergangener Zeit. Einer vormodernen Zeit, die die Türkei eigentlich schon überwunden hatte. Sie hält mir dann warm lächelnd vor, wir «Auslandstürken» sähen die Gefahren für das Land einfach nicht. Dass ich ein wenig naiv sei.

Ich Auslandstürkin. Ich gehöre nicht zu ihrer Schicksalsgemeinschaft. Es geht nicht um meine Heimat, schließlich komme ich nur für ein paar Wochen vorbei und kehre dann nach Deutschland zurück. Ich bin ja doch schon irgendwie Deutsche und habe nur meine eigenen Sachen zu verteidigen, daheim in Almanya.

Manchmal erzähle ich meiner Cousine auch aus Deutschland. «Es gab mal eine Lehrerin aus Afghanistan, die bis vor das höchste deutsche Gericht gezogen ist, weil sie in der Schule ihr Kopftuch nicht ablegen wollte.» Meine Cousine versteht nicht, wie das möglich sein kann. «Das ist so un-europäisch!», findet sie und meint: Kopftücher in der Öffent-lichkeit. Sie ist froh, dass Atatürk einst die Verschleierung in der Öffentlichkeit verbot. Das war ein harter Kampf. Kopf-tücher seien unmodern, und «bei euch in Europa» sei man doch schon viel weiter. Ich sage dann: «Was meinst du mit ‹weiter›? Nein, nein, das ist ja gerade europäisch – dass je-der für sein Recht vor das Gericht ziehen kann.»

So sitzen wir dann oft da, meine Cousine und ich. Hier die Türkin, die die Europäer nicht versteht. Da die heimatlose Deutschtürkin, die das Kopftuch verteidigt, ohne es selbst zu tragen.

Mein vietnamesisches Ich

Du besuchst deine Verwandten, und sie sind dir fremd. Du weißt nicht genau, was sie arbeiten, wo sie wohnen und wann sie geboren sind. Sie leben in einem Land, das du nur aus Urlauben kennst, aus den Erzählungen deiner Eltern. Das Land heißt Vietnam und liegt in einer anderen Welt. Du weißt, du bist für deine Verwandten eine Ausländerin. Eine reiche Westlerin. Die deutsche Nichte.

Im Flugzeug denkst du darüber nach, wohin die Reise führt. Leute, die dich nicht gut kennen, sagen: in die Heimat. Deine Verwandten sagen: nach Hause. Deine Eltern sagen: zur Familie. Aber du, du weißt es nicht. Kannst dieses dumpfe Gefühl im Magen nicht benennen, das dich auf jeder Reise hierher begleitet.

Am Flughafen von Saigon rätst du, wer ein echter Vietnamese ist und wer ein Auslandsvietnamese. Du erkennst es an der Kleidung (Polyester gleich Vietnamese) und an der Anzahl der Koffer (viele Koffer gleich viele Geschenke, also Auslandsvietnamese). Neben dir stehen deine beiden Geschwister, mit euren geraden Zähnen und der hellen Haut strahlt ihr den Wohlstand des Westens aus. Wie deutsch ihr seid.

Deine Verwandten rollen auf dich zu. Kinder, die du noch nie gesehen hast, springen zwischen den Erwachsenen herum. Es ist halb sieben und tiefdunkel, es ist laut und schwül und voller Menschen. Alles dröhnt.

«Du bist aber dünn geworden!»

«Warum hast du dir deine Haare geschnitten?! Ist das in Deutschland modern?»

«Dein Gesicht sieht alt aus, du arbeitest zu viel!»

«Bist du müde? Willst du was essen?»

«Deine Geschwister sind ja viel größer als du!»

Sie umarmen dich auf diese komische Art, mit der Vietnamesen einander umarmen: schnell und möglichst ohne Körperkontakt. Du verhaspelst dich dabei, die Namen bei der Begrüßung zu nennen. Weißt nicht, was du sagen sollst, und könntest es auch nicht sagen, wenn du es wüsstest. Du erinnerst dich plötzlich, dass deine jüngste Tante Yoga macht. Sagst dir den Satz im Kopf vor und sprichst ihn dann aus. Sie nickt, lächelt. Du bist erleichtert, weil du etwas gefunden hast, das euch verbindet. Nicht das Yoga, sondern die Erinnerung an den Moment, in dem sie dir davon erzählt hat. Du warst schon mal hier. Du kennst sie doch. Wieso hast du das vergessen?

Seit deinem letzten Besuch vor ein paar Jahren hattest du mit deinen Verwandten keinen Kontakt. Worüber solltet ihr euch auch austauschen: dass du für ein langes Wochenende nach Paris geflogen bist? Dass deine größte Sorge ist, nicht genug Zeit zum Abschalten zu haben? Dass dein neues iPad sehr praktisch ist? Und was würden sie dir antworten: dass die Luftverschmutzung in Saigon unerträglich ist? Dass sie sich Sorgen machen um die Zukunft ihrer Kinder? Dass 200 Dollar im Monat reichen, um die Familie zu ernähren, aber nicht für teure Medikamente, wenn einer krank wird?

Ihr lebt in zwei Ländern, zwischen denen Jahrzehnte liegen. In Deutschland verdienst du zehnmal so viel wie deine Cousine in Vietnam. Als Deutsche denkst du an Selbstverwirklichung, als Vietnamesin denkt sie ans Überleben. Deine Gesundheit ist besser, deine Reisen sind weiter, deine Zukunft ist offen. Ihre Familie ist größer, ihre Wohnung ist spärlicher, ihre Erwartungen sind bescheiden. Wie ein Riss zieht sich die Ungerechtigkeit der Globalisierung durch eure Familie. Gibt es mehr, das euch verbindet, oder mehr, das euch trennt? Selbst wenn es die Sprachbarriere nicht gäbe – könntet ihr einander je verstehen?

Du denkst, dass man Menschen kennen muss, um sie zu mögen. Dass man sich aussucht, mit wem man Beziehungen eingeht, und dass sie tiefer werden, je mehr man voneinander weiß und je mehr man sich schätzt. Für deine Verwandten spielt das keine Rolle. Entscheidend ist nicht, wer oder wie du bist. Entscheidend ist, dass ihr verwandt seid. Ihr müsst euch nicht gegenseitig befragen, ihr müsst nur zusammen sein. Zusammen essen oder zusammen rumsitzen, egal.

Deswegen ist es nicht schlimm, wenn ihr euch jahrelang nicht seht und keinen Kontakt habt. Es ist nicht schlimm, dass ihr so wenig voneinander wisst. Die gemeinsamen Wochen zählen mehr als die Jahre dazwischen. Ihr verbringt Stunden in irgendwelchen Restaurants und noch mal Stunden mit irgendwelchen Diskussionen darüber, was ihr als Nächstes tut: vietnamesische Musik hören, für die Erwachsenen? Im Kino Schlümpfe schauen, für die Kinder? Eine westliche Bar besuchen, für Thi und Khuê? Es ist egal, was ihr macht, solange ihr es zusammen macht. Wie vietnamesisch ihr seid.

Dein Leben in Deutschland verblasst. Du vergisst, dass du alleine lebst, viel arbeitest und oft reist. Du vergisst deinen Individualismus. Wenn du in Vietnam bist, gehst du in der Familie auf. Lässt dich fallen in der Gruppe, lässt andere, Ältere, für dich entscheiden. Du gibst deine Verantwortung ab und verwandelst dich in das Kind.

Wie ein Kind wirst du danach gefragt, was dein Lieblingsessen ist. Ob es dir gefallen hat, auf den Markt zu gehen. Welchen Film du im Kino sehen möchtest und ob du nun müde bist. Als Kind musst du nur zufrieden nicken, wenn deine Bedürfnisse erfüllt sind. Und schweigen, wenn du hörst, wie die Erwachsenen über dich reden. Wenn sie dein Aussehen, deinen Charakter oder dein Vietnamesisch kommentieren, während du danebenstehst.

Du hast gelernt, in welcher Reihenfolge deine Tanten geboren sind und dass es einen Unterschied gibt zwischen der Familie der Mutter und der des Vaters. Du hast gelernt, dass es innerhalb der Familie verschiedene Positionen gibt: älterer Bruder des Vaters, Großmutter mütterlicherseits, Frau des jüngeren Bruders der Mutter, ältere Schwester, Neffe und so weiter. Dass es eine Hierarchie der Menschen gibt und dass du dich dort einordnen musst. Als Nichte, als Frau stehst du im Familiengefüge eher unten.

Du redest auch Fremde auf der Straße als ältere Schwester und Großvater an. Du ordnest dich auch ihnen unter. Und du sprichst von dir nie in der ersten Person, sondern in der dritten.

«Macht die Tante noch Yoga?»

«Ja, die Tante macht noch Yoga. Macht die Nichte auch Yoga?»

«Nein, die Nichte macht kein Yoga. Sie findet es langweilig.»

Wenn du in Vietnam bist, vergisst du, dass es ein Ich gibt. Du bist nie allein und hast weder die Ruhe noch die Sprache dafür. Du bist, was du für andere bist: nicht jung oder alt, sondern jünger oder älter. Du spürst: In der Ich-Form zu denken ist selbstbezogen und anmaßend. Niemand hat es dir gesagt, aber alle verhalten sich so. Niemand stellt seine Bedürfnisse über die der anderen. Niemand stört die Gruppe. Wer bin ich? Das ist eine Frage, die du in Vietnam nicht beantworten kannst.

Wenn du hier geboren wärst, wärst du eine andere geworden. Du wärst daran gewöhnt, dass der Jüngere dem Älteren gehorcht und die Frau dem Mann. Du würdest mit hoher, weicher Stimme sprechen, so wie alle Frauen hier. Du würdest jeden Satz mit «Ja» beginnen, auch wenn er danach mit «Nein» weitergeht. Du würdest hoffen, einen Mann kennenzulernen, der nicht trinkt und Arbeit hat. Vielleicht würdest du davon träumen, eines Tages ins Ausland zu gehen. Die Welt hätte eine natürliche Ordnung, und du hättest deinen Platz darin, vom Schicksal festgelegt wie deine Schuhgröße.

Wenn du in Vietnam bist, vergisst du dich. Du sprichst mit einer hohen, weichen Stimme und beginnst jeden Satz mit «Ja», auch wenn er danach mit «Nein» weitergeht. Wenn du siehst, dass deine Tanten für deine Onkel auf etwas verzichten, machst du es ihnen nach. Wenn du hörst, dass Frauen von ihren Männern betrogen und geschlagen werden, schweigst du. Dass Frauen leiden, ist normal. Wozu beklagen, was man nicht ändern kann? Wozu stören?

Du siehst, wie du dich verwandelst, und du weißt auch, warum: weil du dich einfügen willst in die natürliche Ordnung. Du weißt, wo dein Platz ist. Aber wer bist du, wenn du deine Werte ablegen kannst wie Kleidung, die für dieses Klima zu warm ist?

Du hoffst, dass der Unterschied zwischen Vietnam und

Deutschland kleiner wird. Dass die beiden Welten zusammenrücken, sodass du dich nicht jedes Mal ganz verlierst, wenn du von einer in die andere gehst. Dass der Riss in deiner Familie, der Riss in dir selbst, mit der Zeit geringer wird. Du glaubst an das Versprechen der Modernisierung, du willst daran glauben.

Jedes Mal, wenn du nach Vietnam kommst, siehst du neue Bürotürme, neue Einkaufszentren, neue Hotels. Auf den Straßen fahren die Mopeds in immer dichteren Schlangen, immer öfter siehst du im Verkehr auch Autos. Du bist begeistert, dass es jetzt eine Helmpflicht gibt. Aufgeregt, weil Siemens in Saigon eine U-Bahn bauen will. Traurig, weil die Rikschas aus der Innenstadt verbannt sind. Etwas stimmt nicht mit diesem Wachstum, das siehst du jedes Mal deutlicher.

Du fotografierst die neuen Shoppingmalls mit den Louis-Vuitton-Geschäften, in denen keiner einkauft. Mietest dich in Hanoi in einem neuen Hotel ein, in dem die Wände noch feucht sind (du checkst nach zwei Stunden aus). Siehst Menschen mit Smartphones und Laptops zu ihren Bürojobs eilen; hörst, dass die Arbeitslosigkeit so hoch ist, dass sie nicht statistisch erfasst wird. Der Kommunismus, der ein Turbokapitalismus ist, hat das Land reicher, aber auch ungerechter gemacht.

Zwei deiner Onkel sind Zwillinge, sie haben nach dem Vietnamkrieg Landwirtschaft studiert. Beide bekamen von der Regierung eine Parzelle Land in der Provinz zugeteilt, zur Pacht. Der eine Onkel züchtete Shrimps, der andere Onkel Kautschuk. Der eine ging pleite, der andere expandierte. Onkel Loc arbeitet jetzt als Journalist und verdient weniger als ein Hartz-IV-Empfänger. Onkel Hoi verdient mit seiner

Kautschukplantage so viel wie ein deutscher Chefarzt. Er versorgt seinen Bruder, wenn der mal Geld braucht.

In deiner Familie fragt niemand, warum es dem einen gut geht und dem anderen schlecht. Das Schicksal hat den beiden ihre Plätze zugewiesen. Du fragst deinen Vater, was er davon hält. Er streckt seine Hand in die Luft: «Die Hand hat fünf Finger, und jeder ist unterschiedlich lang.» Wenn du auch so denken könntest, hättest du nicht diese Schuldgefühle gegenüber deinen Verwandten. Warum hast du schon als Kind die Welt gesehen und deine Tante noch nicht mal Nordvietnam? Warum kannst du diesen Text hier schreiben und dein Onkel, der Journalist, nicht?

In Hanoi triffst du gleichaltrige Vietnamesen, Studenten, Sozialwissenschaftler oder Beamte, mit denen du dich auf Englisch unterhältst. Wenn das Wort «Politik» fällt, dann senken sie die Stimme und schauen sich um. Sie fragen, ob Vietnam in Deutschland als Demokratie wahrgenommen werde, und rezitieren, was sie über die Vor- und Nachteile der Einparteienregierung gelernt haben. Vorteil: langfristige Politik, Nachteil: wenig Wettbewerb. Sie wollen mehr Transparenz und weniger Korruption, aber keinen Systemwandel. Das würde die Ordnung durcheinanderbringen.

Du denkst, dass die KP das Land regiert wie der Patriarch die Familie, von oben herab und mit Verboten. Die Bürger sind wie Kinder, die ihm gehorchen müssen. Wer die Regierung kritisiert, kann verhaftet werden. Wer die Autorität in Frage stellt, vergisst seinen Platz. Die Hierarchie in der Familie erzieht die Vietnamesen zur Hierarchie in der Gesellschaft. Du fragst dich, wie sich der Einzelne gegen das Ganze auflehnen kann, wenn er nicht gelernt hat, in der Ich-Form zu denken.

Du sitzt vor den jungen Vietnamesen mit deinen Idealen der freien Presse, der Mehrparteiendemokratie und der Aufklärung. Dir wird klar, dass du bei ihnen etwas suchst, was du nicht finden wirst: den Wunsch, sich von der autoritären Gesellschaft zu emanzipieren. Diese Jugendlichen wünschen sich nicht, «frei» zu sein, denn sie empfinden sich nicht als gefangen. Du denkst nur, dass sie sich so fühlen sollten. Weil du selbst so empfindest.

Einer deiner Gesprächspartner fragt dich: «Willst du in dein Mutterland zurückkehren und beim Aufbau helfen?» Du sagst, dein Vietnamesisch sei nicht gut genug. Er fragt: «Wirst du etwas Kritisches über Vietnam schreiben?» Du sagst, das wüsstest du noch nicht. Du fragst dich, wie er auf die Idee kommt, dich als Patriotin zu sehen. Als Vietnamesin, die seinen Stolz auf das Land teilt. Es befremdet dich, aber es berührt dich auch. Du bist für ihn wie eine Schwester.

Du spürst eine Wehmut, als das Flugzeug abhebt und Vietnam verlässt und sich ein Teil von dir verabschiedet bis zum nächsten Mal. Du hast viele Stunden Zeit, um nachzudenken, was du von dieser Reise mitnimmst. Warum du dich von dir selbst entfremdet fühlst, weil du dich deiner Familie gegenüber fremd fühlst. Ob du eine andere wirst, wenn du in das andere Land reist. Was das bedeutet: mehr als eine Person zu sein. Und du spürst dieses Gefühl im Magen und spürst, dass es warm ist.

Und wenn du dann in Deutschland landest, dann fühlst du dich erst einsam und kalt. Bis es dir wieder einfällt: Ich bin zu Hause.

V. Schönen Dank fürs Erbe

Eine Erzählung über die neuen Deutschen wäre nicht vollständig ohne eine Erzählung über die alten Ausländer: unsere Eltern. Wir haben, was sie nicht hatten. Wir wurden, was sie nie sein konnten. Wir sprechen perfektes Deutsch, sie werden es nie akzentfrei beherrschen. Wir nehmen wie selbstverständlich den Reichtum dieses Landes an, sie staunen noch immer darüber. Wir sind hier aufgewachsen, sie aber sind aus Ländern gekommen, in denen Krieg herrschte, die Wirtschaft brachlag oder Armut normal war. Ihre alten Länder haben ihnen nichts geschenkt. Es war keine Abenteuerlust, die sie hinaustrieb; es war die Not. Ihre Geschichten, ihre Entbehrungen, sie sind das Erbe, das wir mit uns herumschleppen.

Unsere Eltern wuchsen in der Türkei, in Polen oder in Vietnam auf; in Ländern mit weit weniger Möglichkeiten als Deutschland. Sie hatten es schlechter, als wir es wahrscheinlich je haben werden. Ihre Jugend war so anders als unsere: Wir waren im Sportverein, machten Schüleraustausch, konnten studieren, was wir wollten, und mussten nicht die Familie mit ernähren.

Nie haben wir vergessen, dass unsere Eltern es viel schwerer gehabt haben als wir. Sie trichterten uns ein, dass wir unsere Chancen in Deutschland nicht vergeuden durften, dass wir fleißig lernen sollten, um eines Tages einen guten Job, ein gutes Leben zu haben. Unsere Eltern nannten das nicht Integration, aber sie wollten instinktiv, dass wir fortführten, was sie begonnen hatten. Sie ahnten, dass das Ankommen in einer neuen Gesellschaft nicht eine Generation braucht, sondern zwei oder drei. Unsere Eltern haben den Anfang gemacht, wir schreiben ihn fort. Mit ihrer Ankunft in diesem Land beginnt auch unsere Geschichte.

Das Mädchen aus dem Vietnamkrieg kommt an

Meine Mutter spürte etwas Nasses, Kaltes auf ihrem Haar, es fiel vom Himmel und war weiß. Schnee. Es war ein Sonntag im Januar 1970, sie trug ein vietnamesisches Seidenkleid und Sandalen. Sie kannte Kälte nicht, kannte Winter nicht, kannte nur das feuchte, warme Klima Vietnams, weshalb sie bloß eine Strickjacke in ihren Koffer gepackt hatte, als sie nach Deutschland aufbrach. Den Koffer hatte ihr eine Tante mit Handtüchern ausgestopft, damit er nicht so leer erschien. Und so zog ihn meine Mutter, ein 19-jähriges Mädchen mit langen schwarzen Haaren, 1,53 Meter groß und 38 Kilo schwer, mit Leichtigkeit von der Zugstation Brannenburg bei München zu einer Adresse, die sie sich vor dem Abflug notiert hatte: dem Goethe-Institut. Sie war so aufgeregt, dass sie die Kälte nicht spürte.

Meine Mutter entstammte einer verarmten, aber gebildeten zwölfköpfigen Familie aus der alten Kaiserstadt Hue. Hue war von den Amerikanern während der Offensive von 1968 schwer bombardiert worden, meine Mutter hatte die Toten auf den Straßen gesehen und sich geschworen, dieses Land zu verlassen. Der einzige Weg war, ein Auslandsstipendium von der Regierung zu bekommen. In der Schule strengte sie sich wie besessen an, in den Ferien lernte sie das Wörterbuch auswendig, jahrelang war sie eine der Besten an ihrer Schule. Sie kam mit einem Stipendium nach Deutschland, ihr Ziel war, nach dem Studium zurückzukehren. Vielleicht wäre der Krieg dann vorbei, und sie würde mit ihrem ausländischen Diplom einen guten Job bekommen.

Meine Mutter stieg eine kleine Treppe hinauf und klingelte an der Eingangstür des Instituts. Keine Antwort. Sie klingelte noch mal. Wieder nichts. Sie wartete. Dachte nichts, tat nichts. Sie wusste nicht, dass sonntags in Deutschland alles geschlossen hat. Sie wusste auch nicht, dass es Sonntag war oder wie spät es war. Dass es eine Zeitverschiebung zwischen Asien und Europa gab, hatte sie noch nie gehört. Eine Stunde stand meine Mutter dort wie gelähmt, als auf einmal ein Auto anhielt und eine Frau mit hellem Haar ausstieg, eine Deutsche, vielleicht war sie Mitte dreißig. Die Frau stieg zu ihr hinauf und sagte etwas in dieser Sprache, die ihr so hart und schneidig vorkam. Meine Mutter hatte in Vietnam zwar einen vierwöchigen Sprachkurs gemacht, aber sie verstand trotzdem nichts.

Die Frau zeigte auf das Auto und den Koffer, und meine Mutter begriff. Sie stieg ein und fuhr mit der Frau zu einem Haus, in dem der Direktor des Goethe-Instituts lebte. Er gab meiner Mutter Winterkleidung, die seiner Tochter gehörte. Meine Mutter war überglücklich. Abends schrieb sie einen

Brief nach Vietnam: «Ich bin gut in Deutschland angekommen. Es ist sehr schön hier, und die Leute sind nett.» Der Mann und die Frau haben meine Mutter gerettet, so empfand sie es.

Meine Mutter erzählt mir diese Geschichte, als würde sie sie selbst nicht glauben. Sie unterbricht sich immer wieder: «Kannst du dir das vorstellen?!», «Ich wusste gar nichts, gar nichts!», «In Vietnam haben sie mich überhaupt nicht vorbereitet!» Sie schlägt sich mit der Hand an die Stirn, lacht. Immer noch ist sie 1,53 Meter groß, immer noch hat sie lange Haare, aber jetzt trägt sie eine goldene Uhr und einen lila Wollrock. Wir sitzen in unserer grünen Küche, draußen ist es dunkel und kalt, es ist wieder Winter. An den Wänden hängen Familienfotos, die uns beim Urlaub in Vietnam und Südfrankreich zeigen. Sie führt jetzt ein Leben, das ihr als 19-Jährige wie ein Hollywood-Film vorgekommen wäre.

Meine Mutter hat mir immer wieder von ihrer Ankunft erzählt, Erinnerungsfetzen an mich weitergegeben. Ich notiere mir ihre Sätze, als erzählten sie von einer anderen Welt und nicht von unserer Familiengeschichte. Von meinen eigenen Ursprüngen. Denn dieses unterernährte Mädchen ist auch ein Teil von mir. Wenn meine Mutter sich nicht entschieden hätte, Vietnam zu verlassen, wenn sie sich damals nicht durchgekämpft hätte, würde ich jetzt nicht als Journalistin und Buchautorin vor ihr sitzen. Meine Mutter hat mir nie direkt gesagt: Du musst erfolgreich sein. Aber es war immer klar, dass Scheitern keine Option war.

Es ist ein seltsames Gefühl, von ihrem Leben zu hören. Ich habe nie die Welt kennengelernt, der meine Mutter entflohen ist; ich habe nie erfahren, wie es ist, wenn man arm ist und Angst um sein Leben und das Leben seiner Familienangehörigen haben muss. Ich kannte nichts anderes als ein warmes Haus, ein friedliches Land und den weiten Horizont der persönlichen und kulturellen Möglichkeiten, die der Wohlstand mit sich bringt. Egal, ob es um den Führerschein oder das Austauschjahr ging, meine Eltern haben meine Geschwister und mich immer unterstützt. Sie haben meiner Schwester ein Studium in Zürich und mir eines in London finanziert. Wenn sie die Mittel nicht gehabt hätten, hätten sie wahrscheinlich das Haus verpfändet. Vietnamesen investieren alles in die Bildung ihrer Kinder, ganz gleich, ob reich oder arm.

Einige Jahre nach ihrer Ankunft lernte meine Mutter meinen Vater kennen; die beiden studierten in Berlin und wurden warm aufgenommen von der Studentenbewegung, die mit Ho Chi Minh sympathisierte. Erst die deutschen Studenten machten meine Eltern zu Sympathisanten der Kommunisten – sie selbst kamen aus Familien, die gegen die Armee Ho Chi Minhs kämpften oder davor flohen. Mein Vater hatte damals eine dicke Hornbrille und war schmächtig, er trug Schlaghosen und Ledermäntel mit Pelzkragen. Als er seine Stelle als Assistenzarzt in einem staatlichen Krankenhaus antrat, galt er in der Gruppe der Nachwuchsärzte als «der kleine Ausländer». Sein Chef blickte durch ihn hindurch, er grüßte auch nicht zurück; er war autoritär und von allen gefürchtet. Die Assistenzärzte nahmen ihm das übel – bis auf meinen Vater. Der kannte autoritäres Verhalten aus Vietnam und erwartete für seine Arbeit kein Lob. Nach einigen Jahren verstanden sich die beiden sehr gut. Von der schwierigen Anfangszeit hat mir mein Vater erst viel später erzählt, oft hat er dabei gelacht. Es waren Erzählungen über Ausdauer und

Härte, darüber, dass man im Leben biegsam sein sollte wie Bambus, der nie zerbricht. «Man sollte immer den schwierigsten Weg gehen», das ist bis heute sein Lebensmotto geblieben.

Wenn ich andere Vietnamesen der zweiten Generation sehe, erkenne ich den Unterschied zwischen ihnen und mir: Ihre Eltern sind Arbeiter oder normale Angestellte, und viele von ihnen haben den Ehrgeiz, Arzt oder Anwalt zu werden. Sie wollen aufsteigen und ihre Eltern stolz machen, Prestige erarbeiten für die Familie. Ich bewundere die, die es schaffen, sich hochzukämpfen. Es sind viele, und tatsächlich machen sie ihre Eltern stolz. Aber ich kann nicht weiter aufsteigen als meine Eltern, denn sie haben schon in einer Generation geschafft, was anderen vielleicht in zwei gelingt. Wahrscheinlich liegt es an ihnen, wahrscheinlich liegt es aber auch an Deutschland. Sicher ist, dass es nun an uns, ihren Kindern, liegt, etwas aus den Möglichkeiten zu machen, die wir ihnen und ihrer Auswanderung verdanken.

Unsere Eltern sagten uns immer wieder diesen Satz, und irgendwann hatten wir ihn verinnerlicht: «Euch soll es einmal besser gehen als uns.» Sie hatten in Deutschland Arbeit und Sicherheit gefunden, sie wünschten sich, dass ihre Kinder hochkommen, erfolgreich sind. Es war nicht immer so, dass wir verstanden, was unsere Eltern mit ihrer Einwanderung nach Deutschland geschafft hatten. Welcher Kraftakt damit verbunden war. Als Heranwachsende waren wir manchmal müde von den Geschichten, wie es daheim bei ihnen gewesen ist, wie hart ihre Kindheit war und wie autoritär ihre Eltern mit ihnen umgingen. Wie sie ihr Land verließen, was für Schwierigkeiten sie hier auf den Ämtern erlebten, wie schwer es war, Deutsch zu lernen und warum es so wichtig ist. Wir waren fast erwachsen, angehende Akademiker, deutsche Staatsbürger, als wir begriffen: Unsere Eltern haben mit viel Kraft und Mut ihr Leben in eine andere Richtung gelenkt, ohne zu ahnen, wie es sich weiterentwickeln würde. Vielleicht dachten sie wirklich, sie würden eines Tages zurückkehren. Vielleicht machten sie sich auch etwas vor, und der Gedanke an Rückkehr war nur ein kleiner Trost, der die Endgültigkeit ihrer Entscheidung auffing, in Deutschland zu bleiben.

Ihre Erzählungen haben sich in unseren Köpfen und Herzen festgesetzt. Sie spornten uns an, etwas zu erreichen, das sie stolz machen würde. Es war, als hätten wir mit unseren Eltern einen Pakt geschlossen, eine Art Generationenvertrag: Wir würden mit unseren Leben ihre weiterführen und besser machen. Auch viele deutsche Eltern wünschen sich, dass ihre Kinder den sozialen Aufstieg schaffen: Der Mechaniker bei Opel hofft, dass sein Sohn Ingenieur wird. Die Putzfrau ist stolz, weil ihre Tochter Lehrerin geworden ist. Auch sie arbeiten sich krumm, damit ihre Kinder in der Gesellschaft weiterkommen. Ihre und unsere Familien teilen das Ziel, aufzusteigen. Und dennoch war es bei uns anders: Als unsere Eltern nach Deutschland kamen, waren sie die Ausländer. Und das machte auch uns, ihre Kinder, zu Ausländern. Die Herkunft, die sie uns mitgegeben haben, unterschied uns von unseren deutschen Freunden. Als Kinder fanden wir es ungerecht: Was konnten wir dafür, dass sich unsere Eltern entschieden hatten, ihre Heimat zu verlassen?

Unsere Eltern hatten nicht nur hart für ein besseres Leben gearbeitet – sie haben ihre Heimat dafür aufgegeben. Sie werden nie wissen, was aus ihnen geworden wäre, wenn sie in ihrer vertrauten Umgebung geblieben wären. Vielleicht hätten sie in ihrer Muttersprache studiert, vielleicht hätten sie im Kreis ihrer Familie bleiben können. Vielleicht wären sie arm geblieben, vielleicht nicht, wer weiß das schon.

Es gab da nur diesen einen Widerspruch, eine merkwürdige Paradoxie, die ihnen bewusst gewesen sein muss: Unsere Eltern wollten von Anfang an, dass wir in Deutschland eine Zukunft haben, aber sie waren sich nicht sicher, wie *ihre* Zukunft eigentlich aussah, ob sie irgendwann zurückgehen würden. Sie hatten über die Bedeutung ihrer Auswanderung genauso wenig nachgedacht wie über das Land, in das sie gekommen waren. Als unsere Eltern nach Deutschland kamen, gab es Ausländer, aber keine Diskussion über Integration. Es war nicht einmal klar, was das sein sollte. Auch die Deutschen konnten sich nicht vorstellen, dass diese fremden Menschen hierbleiben und ihr Land prägen würden.

Meine türkische Mutter bleibt

Wenn ich meine Mutter frage, woran sie sich am besten erinnert, wenn sie an ihren Anfang in Deutschland denkt, sagt sie: «Wie ich bei Karstadt vor der Fleischtheke stand und gegackert habe, als ich ein halbes Hähnchen kaufen wollte. Ich wusste nicht, was Hähnchen heißt.» Manchmal erzählt sie auch, wie sie Monate zuvor mit ihrer Freundin in das Verbindungsbüro des Arbeitsamtes in Istanbul gegangen ist. Denn wer zum Arbeiten nach Deutschland wollte, musste dort vorsprechen und eine Gesundheitsprüfung machen.

96

Urin abgeben, Zähne zeigen. Meine Mutter sagt: «Wie bei einem Pferd.»

Dann gibt es noch eine Erinnerung, über die sie sich immer wieder freut. Daran, was sie in ihren Koffer packte, als sie nach Deutschland ging: zwei Handtücher, wenige Stücke Unterwäsche, eine zweite Hose, einen Pullover und eine Nylonstrumpfhose, die eine Laufmasche hatte. Dass das keine so gute Idee war, merkte sie erst, als sie sah, was die anderen Frauen, mit denen sie sich in der Nähe von Flensburg in einem Wohnheim für Arbeiterinnen ein Zimmer teilte, aus ihren Koffern holten: tütenweise Lebensmittel. Getrocknete Bohnen, Reis, Linsen. Das gab es ja alles nicht bei den Deutschen, da waren sie sich sicher. Meine Mutter fühlte sich dumm und schämte sich. Ihr Koffer war der einer jungen Frau, die noch nicht viel gereist war. Nicht viel von der Welt gesehen hatte. Heute lacht sie darüber.

Wenn sie davon erzählt, muss ich immer daran denken, wie ich heute meinen Koffer packe. Routiniert zähle ich die Tage ab, die ich fort sein werde, gehe die Termine durch, die ich absolvieren muss. Sortiere Unterlagen, die ich brauche. Laptop, Aufnahmegerät, iPad. Zwischen meinem Koffer und ihrem liegen fast vierzig Jahre, 3000 Kilometer und ein Studium, das sie mir ermöglichte. Sie und Deutschland.

Vor kurzem fragte ich meine Mutter wieder. Ich bat sie, sich noch einmal ganz genau an die Zeit zu erinnern. Was ihr in den Sinn kam, war: «An meinem ersten Tag in der Fabrik fragten uns die deutschen Kollegen, wann wir zurückkehren wollten. Und als ich in Rente ging, fragten sie mich das auch.» Über diese Frage, wie sie ihr damals, Anfang der 70er Jahre, gestellt wurde, war meine Mutter nicht erstaunt.

«Hast du denn nie gesagt, dass es sie nichts anginge?»

«Nein.»

«Hat denn nie jemand gefragt, wie es war, die Heimat zu verlassen, die Familie, Vater, Mutter, Ehemann, Kind? Ob du Angst hattest? Ob es schwer war? Was du vorher für eine Arbeit hattest?»

«Nein, darüber haben wir nie gesprochen. Sie haben nicht gefragt, ich habe nicht erzählt.»

Dass sie auch an ihrem letzten Arbeitstag nach der Rückkehr gefragt wurde, das überraschte sie dennoch. Nicht, weil sie die Frage herablassend fand. Der Grund war ein anderer. Sie selbst hatte sich anscheinend mit den Jahren weniger Gedanken über eine Rückkehr gemacht als ihre deutschen Kollegen, die 30 Jahre mit ihr am Fließband gestanden hatten. Meine Eltern hatten den Platz verlassen, der ihnen ursprünglich zugewiesen worden war: als Arbeiter nach Deutschland zu kommen, aber irgendwann wieder zurückzugehen.

Lange Zeit füllten sie diesen Platz auch aus. Ihre Hauptfunktion in Deutschland sahen auch meine Eltern nur darin, zu arbeiten. Noch heute definieren sie sich stolz als Arbeiter. Irgendwann einmal als Ausländer geschätzt zu werden, für das, was sie leisteten, war allenfalls ein Wunsch. Sie begriffen schnell, dass er sich nicht erfüllen würde, und legten ihn ab. Sie gewöhnten sich an die Sticheleien, an das gebrochene Deutsch, mit dem sie angesprochen wurden. Sie gewöhnten sich auch daran, dass niemand sie danach fragte, was sie sich eigentlich für ein Leben vorstellten, wovon sie träumten und was sie sich erhofften. Sie selbst wehrten sich dagegen, anzukommen, aber zurück wollten sie ebenso wenig. Irgendwann konnten sie das auch nicht mehr. Mit uns Kindern redeten sie nicht darüber. Sie hatten diese Entscheidung einfach getroffen.

Vielleicht hat die Entscheidung sich auch von selbst getroffen, ich weiß es nicht genau. Es gab nichts, was sie hier verankert hätte. Außer uns Kindern. Deshalb war es ihnen so wichtig, dass wir auf ein Gymnasium kamen, Abitur machten und danach studierten, am besten etwas, das in ihren Augen ehrbar war, wie Anwalt oder Arzt. Sie hatten sich in ihrer Schufterei eingerichtet. Manchmal nervte mich das, manchmal machte es mich auch traurig. Warum kauften sie kein Haus oder eine Wohnung? Warum hatten sie keinen Garten, warum waren sie nicht Mitglied in einem Verein? Heute weiß ich, dass zu mehr die Kraft einfach nicht reichte. Das «Mehr» mussten wir hinkriegen. Auch für sie, stellvertretend.

Wer in Deutschland, mit diesen Möglichkeiten, in diesem Reichtum, kein Abitur schaffte, so war der Tenor bei uns zu Hause, der musste faul und schwach sein. Die Deutschen durften aber nicht denken, dass wir faul und schwach waren. Und auch die Familie in der Türkei, die Verwandten, sollte das nicht denken. Hatten wir Kinder überhaupt eine Ahnung, was unsere Eltern durchgemacht hatten, um nach Deutschland zu kommen? Mein Bruder und ich hatten das Gefühl, als hielten sie uns das vor, als würden wir in ihrer Schuld stehen und gutmachen, was sie erlebt hatten. Unseretwegen also sind sie gegangen. Unseretwegen haben sie die Heimat verlassen.

So war das Schlimmste, was uns passieren konnte, es nur auf die Hauptschule zu schaffen. Dann, so meine Eltern, konnten wir Kinder uns auf eine Zukunft am Fließband einstellen. So wie sie. Wollten wir das etwa? Um bedingungslose Leistung und Gehorsam einfordern zu können, ließen sich meine Eltern deshalb vielsagende Drohungen einfallen. Drohungen, die meine deutschen Freunde nie von ihren Eltern hörten. «Wenn du nicht tust, was ich sage, schicke ich dich auf die Hauptschule!» Oder: «Wenn deine Noten nicht besser werden, schicke ich dich zurück in die Türkei!» So bauten sie zwei Schreckenskulissen auf: die Hauptschule und die Türkei.

Als Kind glaubte ich sogar manchmal, dass sie die Drohung wahr machen würden. Sie konnten uns mit der Schule nicht helfen, verlangten aber Höchstleistungen. Sie fanden das normal. Als Jugendliche sah ich darin nur eine große Ungerechtigkeit, dennoch wurden meine Noten immer besser. Ich machte das Abitur, studierte. Erst viel später verstand ich den Grund für diesen hilflosen Einschüchterungsversuch: Er war ihr einziges Instrument, uns anzutreiben – und vielleicht zu verstecken, dass sie uns anders nicht helfen konnten. Sie wollten um jeden Preis verhindern, dass wir scheiterten. Sie wollten sich nicht schämen müssen. Ich bin mit dem Gefühl aufgewachsen, meinen Eltern etwas schuldig zu sein. Ich musste studieren, weil sie mit der Kraft ihrer Hände arbeiteten. Ich musste gute Noten nach Hause bringen, weil meine Mutter durch das jahrelange Hantieren mit kleinen, öligen Metallteilchen Hornhaut an den Fingerspitzen bekam. Ich musste hier zu Hause sein, weil meine Eltern es nicht waren. Ich musste etwas zustande kriegen, weil sie unseretwegen nicht zurückkehrten. Wie wir das anstellten, war allerdings unser Problem.

Manchmal sahen wir unsere Eltern als Bittsteller, die für ein Zeugnis, eine Bescheinigung oder die Verlängerung ihrer Aufenthaltserlaubnis anstehen mussten. Als Erwachsene, die auch mal geduzt oder mit gebrochenem Deutsch angesprochen wurden. Warum eigentlich? Wieso ließen sie sich das gefallen? Irgendwann fingen unsere Eltern an, uns zu fragen, was der Brief vom Amt zu bedeuten habe, ob wir bei der Auto- oder der Rentenversicherung anrufen könnten, welchen Telefontarif sie wählen sollten, ob es «dem» oder «den» heiße. Wir erlebten sie nicht nur als Bittsteller auf Ämtern – auch uns, ihren Kindern, zeigten sie ihre Schwächen. Sie büßten Autorität ein, weil oft wir es waren, die ihnen zeigten, wo es in Deutschland langging – nicht umgekehrt. Wie wir nach oben kommen, unseren Platz in der Gesellschaft finden und die deutsche Kultur verstehen sollten, das konnten sie uns meistens nicht erklären. Ihre Ansprüche an uns waren dennoch hoch – auch wenn das, was sie in der Türkei, in Polen oder Vietnam gelernt hatten, hier nicht viel wert war. Sie bemühten sich, sie lasen viel, und allmählich begriffen sie, wie die deutsche Bürokratie funktioniert. Aber schon früh wussten wir über Deutschland besser Bescheid als sie. Wir wussten, welche Serien die deutschen Kinder sonntagvormittags schauten, wir wussten, welche Feiertage für die Deutschen wichtig waren und woran sie schwer trugen. Unsere Eltern lernten es erst, und sie lernten langsamer als wir Kinder.

Manchmal verstanden wir uns gegenseitig nicht – wir sprachen ja auch andere Sprachen. Wenn sie in einem Supermarkt oder im Park auf Vietnamesisch, Türkisch oder Polnisch nach uns riefen, antworteten wir auf Deutsch. Wenn wir uns etwas zu essen aussuchen durften, wünschten wir uns Spaghetti,

Eierkuchen oder Pommes, bloß kein polnisches oder türkisches Essen. Wir wollten nicht so sein wie unsere Eltern – wir wollten diese Leben, die unsere deutschen Mitschüler hatten, sie kamen uns so leicht vor. Keiner von ihnen musste auf dem Amt anrufen oder den Umtausch im Geschäft erledigen. Keiner von ihnen hatte so viele Ermahnungen, Regeln und Verbote zu beachten wie wir. Zwischen uns und unseren Eltern gab es einen Kulturkampf. Sie hatten Angst, dass wir ihre Traditionen vergessen könnten. Wir hatten Angst, dass wir darunter ersticken würden. Sie hielten an ihren altmodischen Vorstellungen vom Leben fest und standen uns damit bei unserem Plan im Weg, endlich deutsch zu werden.

Kinder ringen immer mit ihren Eltern darum, wie sie leben sollen und worauf es dabei ankommt. Bei uns war der Kampf grundsätzlicher. Wir sahen, dass unsere Eltern anders waren als die unserer deutschen Freunde. Unsere Eltern mussten sich ihren Platz in der Gesellschaft erkämpfen: arbeiten, sich einfügen, nicht negativ auffallen, am besten gar nicht auffallen. Sie taten alles, um nicht zu sein, wie sich manche Deutsche Ausländer vorstellten: faul. Respektlos. Undankbar. Sie brachten uns bei, brave Bürger zu sein. Wir sollten beweisen, dass es richtig gewesen war, nach Deutschland zu kommen, dass es sich für ihre Kinder gelohnt hatte. Unsere Eltern wollten, dass wir so wurden und blieben wie sie, aber mit guten Jobs und perfekter Aussprache. Wir wollten das auch, aber wir wollten auch frei sein, frei von der Bürde ihrer Entbehrungen. Frei sein, das war deutsch sein. Und deutsch sein bedeutete Rebellion.

Es war weniger ein fester Plan als ein Gefühl, wir sprachen auch nicht mit anderen darüber – vermutlich hätten wir nicht benennen können, worum es uns eigentlich ging. Und selbst wenn wir dafür Worte gefunden hätten: Wie hätte es geklungen, wenn wir unseren Eltern gegenüber, den deutschen Freunden oder den Lehrern erklärten, dass wir eigentlich deutsch sein wollten? Dass wir unseren Klassenkameraden neideten, wer sie waren, wie es bei ihnen zu Hause lief, was dort für Freiheiten und Gewohnheiten galten?

An den Kindern aus unserer Klasse sahen wir, was Deutschsein bedeutete: ein geregelter Tagesablauf; Abendessen um 18 Uhr, meistens Brot mit Wurst oder Käse; Märchen vorgelesen bekommen; Hilfe erhalten bei den Hausaufgaben; mit den Eltern diskutieren oder sogar streiten; ein eigenes Zimmer; beim Freund übernachten – überhaupt einen Freund haben dürfen; Punkt 20 Uhr die *Tagesschau* einschalten und sonntags *Tatort* schauen; mit 16 ausgehen; Alkohol trinken; faulenzen; die Klamotten gebügelt bekommen und nicht die der Eltern bügeln; sonntags das Haus nicht putzen müssen; in den Sommerferien nach Spanien fahren und nicht in die alte Heimat.

Wir stellten uns vor, dass das Leben als Deutsche leichter sein musste. Unbeschwerter, geschützter, liebevoller auch. Es musste eine bessere Vorbereitung sein für das, was später einmal kommen sollte.

Wir stellten uns vor, dass deutsche Eltern stärker waren als unsere.

Nazifes deutscher Sieg

Nachdem sie 21 Jahre für ihre Firma am Fließband gestanden hatte, erlitt meine Mutter einen Bandscheibenvorfall. Die körperliche Arbeit und zu wenig andere Bewegung – es musste irgendwann dazu kommen. Fast ein Jahr lang war sie krankgeschrieben. Die Tochter türkischer Bauern, die nie in ihrem Leben vorher Sportschuhe besessen hatte, fing mit einer Physiotherapie an. Nach der Physiotherapie machte sie die gelernten Übungen zu Hause weiter, den ganzen Tag, immer wieder. Sie übte wie besessen. Sie wollte wieder auf die Beine kommen. Arbeiten bis zum Rentenalter. So gehörte sich das in Deutschland, das hatte sie gelernt, dafür war sie doch hierhergekommen. Das konnte es doch noch nicht gewesen sein!

Sie schaffte es. Nach etwa einem Jahr fing meine Mutter wieder an zu arbeiten. Dann kam die Kündigung.

Irgendetwas passierte mit ihr. Irgendetwas zerbrach. Was konnte sie denn jetzt tun? Wir wussten es auch nicht. Mein Bruder, der von uns allen am besten Bescheid wusste, sagte: «Mama, du brauchst einen Anwalt. Einen Anwalt für Arbeitsrecht.» Meine Mutter weinte und sagte nur: «Wo sollen wir den denn nur herkriegen?» Sie hatte Angst, dass ihre Ersparnisse draufgehen würden.

Aber sie wollte sich eine Kündigung nicht gefallen lassen. Ihre Kinder sollten doch studieren! Es ging vor das Arbeitsgericht, ein einziger Termin war angesetzt. Wir gingen alle mit, mein Vater, mein Bruder und ich. Die kleine Gastarbeiterin gegen die Personalchefs der Fabrik, für die es ein lästiger Termin am Vormittag war. So wirkten sie zumindest damals auf uns.

Meine Mutter hatte ein feines dunkelblaues Kostüm angezogen, das sie extra für den Gerichtstermin gekauft hatte. Dazu schwarze Pumps. Ich stand kurz vor dem Abitur, 18 Jahre alt, saß nun da im Gerichtssaal, direkt hinter meiner

Mutter. Ich trug eine zerrissene Jeans, Doc-Martens-Stiefel, hatte eine Menge Wut im Bauch und glaubte, alle hier seien Nazis. Die Zeit, in der ich wenig von meinen Eltern hielt, näherte sich langsam dem Ende: Es wurde eingeläutet mit der Rückenschädigung meiner Mutter und der Kündigung. Ich hatte mich entschieden, auf der Seite meiner Eltern zu stehen. Zum ersten Mal sah ich konkret, was die Auswanderung mit ihnen gemacht hatte. Sie hatten kaputte Rücken, kaputte Knie. Aber sie waren auch stark geworden: Sie standen vor Gericht, sie stritten für ihr Recht.

Der Anwalt des Arbeitgebers sagte, Frau Topçu sei nicht mehr tragbar, da sie wegen ihres Rückenleidens nicht jede Arbeit übernehmen könne. Meine Mutter sagte, das stimme nicht. Sie wolle jede Arbeit übernehmen, nur könne sie von nun an nicht mehr acht Stunden dieselbe Arbeit verrichten, so wie die vergangenen 20 Jahre. Sie könne nicht mehr die gesamte Arbeitszeit auf den Beinen stehen oder sitzen. Die Tätigkeit müsse sich abwechseln. «Ich möchte arbeiten», sagte sie dem Richter. Ich erinnere mich noch ganz genau, wie getroffen sie wirkte, so eingeschüchtert von dem Offiziellen der Situation, von den Schlipsträgern ihrer Firma. Ihre Lippen wurden ganz trocken. Ich spürte, wie sie litt. Hörte ihre Stimme beben; fühlte, wie sehr sie sich zusammenriss.

Der Richter sagte in seinem Schlusswort, er verstehe nicht, warum die Firma Danfoss einer langjährigen Mitarbeiterin kündige, die arbeiten wolle. Sie bekam recht. Ich empfand Stolz. Für sie, die Gastarbeiterin. Aber auch für das Gericht, weil es ihrer Arbeit Respekt zollte. So empfand ich es zumindest.

Meine Mutter fing wieder an zu arbeiten. So, als sei nie

etwas gewesen. Zwei Jahre später feierte sie ihr 25-jähriges Jubiläum. Es gab eine gemeinsame Feier für alle Jubilare des Jahres in der Kantine der Firma. Jeder Jubilar durfte zehn Personen mitbringen und hatte seinen eigenen Tisch. Wir gingen alle hin, meine Mutter lud ihre türkischen Kolleginnen ein. Der Raum war geschmückt, die Tische weiß eingedeckt. Es gab Braten mit brauner Soße und Kartoffeln. Eis mit heißen Kirschen zum Nachtisch. Meine Mutter bekam eine goldene Uhr als Geschenk, ein Extragehalt, einen Blumenstrauß und einen Händedruck vom Personalchef. In seiner Rede lobte er ihren Einsatz für die Firma.

In Deutschland wird oft vergessen, dass die Einwanderungsgesellschaft auch Erfolgsgeschichten erzählt. Manchmal ist es ein Sieg vor Gericht, manchmal die Freundschaft mit dem Nachbar, das Einser-Abitur der Tochter, das eigene Haus, das eigene Geschäft. Aber darüber wird zu selten gesprochen. Stattdessen wird Einwandererfamilien unterstellt, dass sie sich nicht für die Bildung ihrer Kinder interessierten, für die deutsche Sprache oder die Regeln, die in diesem Land herrschen. In unseren Familien haben wir anderes erlebt, deshalb machen uns solche pauschalen Vorwürfe so wütend. Es besänftigt uns auch nicht, wenn jene, die sie erheben, überrascht über unsere Wut sind und abwiegeln: Ihr seid doch integriert, ihr seid nicht gemeint! Wir fühlen uns trotzdem angesprochen, weil wir wissen, dass die Realität mehr Facetten hat als zwei: die der guten und der schlechten Ausländer. Vielleicht sind wir deshalb manchmal so müde von den immer selben Argumenten in den immer selben Debatten über scheiternde Einwandererfamilien.

Auch wir kennen Einwandererfamilien, die kaputtgehen. In

denen Väter Patriarchen sind, Mütter kein Deutsch sprechen und die Söhne machen, was sie wollen. Manche Töchter werden unterdrückt und bedroht, wenn sie einen Weg einschlagen, den die Eltern nicht akzeptieren. Es gibt sie, diese Eltern, die ihren Kindern nicht helfen wollen. Es gibt aber auch die Eltern, die helfen wollen, aber nicht können: Sie arbeiten im Schichtdienst, sie haben kein Geld, sie können nicht genug Deutsch. Und es gibt Eltern, die alles für ihre Kinder tun: den persischen Soziologen, der seine Kinder liberal erzieht und dazu anspornt, zu studieren. Den frommen türkischen Kaufmann, der nie richtig Deutsch gelernt hat, aber hart arbeitet, damit seine Tochter für ein Jahr ins Ausland gehen kann. Vielleicht ist es das, was wir in den Debatten um Einwandererfamilien vermissen: ein aufmerksames Wort gegenüber jenen, die alles gewagt haben und nicht gescheitert sind. Etwas, das nach aufrichtiger Anerkennung klingt.

Für die meisten, die einwanderten, bedeutete dieser Schritt zunächst eine gesellschaftliche Herabstufung; sogar für die, die in ihrer Heimat zur Mittelschicht gehörten. Dort arbeiteten sie als Mediziner, Architekten oder Ingenieure, nun mussten sie sich erst einmal hinten anstellen. Ihre Ausbildungszeugnisse oder Universitätsdiplome waren und sind in Deutschland selten das Papier wert, auf dem sie gedruckt sind. Was sie vorher gemacht hatten, was sie gelernt hatten, was sie für Ideen hatten, das wollte niemand wissen. Sie hatten nichts zu melden. Warum auch? Vielleicht würden sie ja gar nicht lange bleiben. Und wenn sie doch blieben, dann wurden sie eben unsichtbar.

Der stille Pole, der stille Deutsche

Mein Vater ist ein Chamäleon. Seine letzte Wandlung war die vom deutschen Polen zum polnischen Deutschen. Ich weiß immer noch nicht, ob sie ihm gelungen ist. Er, der seinen schweren Akzent nie losgeworden ist; er, der Kammerspeise statt Speisekammer, Wannebade statt Badewanne sagt; er, der alle Spiele des HSV sieht und die neuesten Bundesligaergebnisse kennt; er, der alle Loriotsketche auswendig kann und kurz vor den Pointen zu lachen beginnt; er, der nachmittags das Hamburger Abendblatt von vorn bis hinten durchliest; er, der von einem Tag auf den anderen nicht mehr Jerzy, sondern Georg hieß.

«Papa, bist du Deutscher?»

«Ja. Na ja. Zu 70 Prozent.» Meine Mutter ruft dazwischen: «Ich bin 50:50.» An schlechteren Tagen sagt sie, sie sei weder das eine noch das andere, das sei nun mal so.

Sein Leben lang hat mein Vater die Identitäten angenommen, die ihm andere vorsetzten. Geboren 1951 als Sohn eines Schlesiers, der zur deutschen Minderheit in Polen gehörte, wuchs er die ersten drei Jahre seines Lebens deutschsprachig auf – bis er als kleines Kind schwer krank wurde und für mehrere Jahre in ein weit entferntes Krankenhaus zur Behandlung musste. Die Schwestern mochten das deutsche Kind nicht. Sprach er deutsch, schlugen sie ihn mit allem, was ihnen in die Hände kam. Nach einigen Monaten hatten sie meinem Vater das Deutsche ausgetrieben und das Polnische eingeprügelt. Als er nach fast vier Jahren zurückkehrte in sein Familienhaus, verstanden die Eltern sein Hochpolnisch nicht. «Ich war das schwarze Schaf», sagt er. «Im ganzen Dorf.»

Das war mein Vater: Kirche, Abitur, Arbeit, nebenbei das Abendstudium in der verrußten Familienküche; vier Geschwister wollten ernährt werden. Er war Elektriker, dann wurde er Ingenieur. Er stieg auf. Polnische Staatseisenbahn, landesweite Auszeichnungen als Ingenieur, regelmäßige Beförderung. Dein Vater war mal jemand, sagt meine Mutter, ein hohes Tier. Es war 1988, seine Karriere lief gut, aber sie wollten weg, weil seine Diplome und Beförderungen unsere Familie nicht reicher oder hoffnungsvoller machten. «Wir dachten, Deutschland ist das Paradies. So haben wir es ja von allen gehört», sagt meine Mutter. «Und dann kamen wir mit unseren Koffern an, wussten von nichts und merkten, wir sind allein. Niemand hilft uns. Wir müssen uns selber helfen.»

Sie haben viele scheitern sehen, sagen meine Eltern: Bekannte, die nichts dabei fanden, von staatlicher Unterstützung zu leben, die schlecht lernten und sich kaum fortbildeten. Während der ersten Tage in Deutschland, erzählt mein Vater, sah er einen obdachlosen Trinker am Bahnhof, Pulle Korn in der einen Hand, Bier in der anderen und den Mund weit aufgerissen. Er brüllte seine politischen Ansichten in die Welt hinaus, laut, hemmungslos und volltrunken. Satz um Satz fiel mein Vater in sich zusammen: «Ich dachte, oh Gott, ganz unten ist der, aber wie der Deutsch kann. Und ich? Kann nicht einmal das.»

Meine Eltern waren nicht mehr ganz jung bei der Auswanderung, 38, sie hatten zwei Kinder, sie mussten es schaffen. Ihre Ängste hatten zwei Namen: Sozialamt und Rückkehr. Wären sie zurückgekehrt, dann hätten alle gewusst, dass die Verräter auf die Schnauze geflogen sind. Hätten sie Sozialhilfe benötigt – es wäre eine unerträgliche Schmach gewe-

109

sen. Sie hätten dann ihren Stolz hergegeben. Es war meine Mutter, die Broschüren sammelte, sich informierte, Widersprüche und Anträge schrieb, die sich wehrte, wenn mein Vater schwieg. Und immer, wenn mein Vater verzweifelt war, sagte sie auf Schlesisch: «My to schaffniemy.» Wir schaffen das schon.

Als Hilfsarbeiter fing mein Vater in einer deutschen Firma an. In seiner zweiten Woche blökte ein Kollege: Ich habe dieses Land aufgebaut, aus den Trümmern hochgezogen, und für wen, für was? Jetzt kommen die Streuner von allen Seiten und leben von unseren Steuern. «Und dann sagte er noch: Einen wie dich, davon haben wir hier genug», erinnert sich mein Vater. Er sitzt in unserem Wohnzimmer, er erzählt nicht gern von diesen Geschichten, er mag das nicht, über die Deutschen herzuziehen. Aber diese Geschichte über den ledigen Kollegen, die rückt er dann doch raus. Vielleicht, weil er sich da endlich gewehrt hat. «Du, du hast keine Kinder, keine Ziele, nur dein blödes Hobby», antwortete er wütend im gebrochenen Deutsch. «Wenn wir erst mal richtig arbeiten, meine Frau und ich, dann zahlen wir so viel Steuern, wie du jetzt verdienst.»

Mein Vater erzählt. Von der Armut in den ersten Jahren. Von Chefs, die ihn monatelang nicht bezahlten und so unsere Familie fast ruinierten. Von Büchern, die er auf Flohmärkten kaufte und abends, wenn wir Kinder schon schliefen, las. Wie er sich langsam weiterbildete. Von Behördengängen, die er immer gefürchtet hat. Davon, wie er einmal am Vorabend mit meiner Mutter die nötigen Sätze auswendig lernte, den ganzen Abend. Tags darauf, mein Vater mit müden Augen: «Guten Tag. Ich würde gern eine Beglaubigung der Kopie meines Arbeitszeugnisses abholen.» Wie er heute lacht, als er von der Sachbearbeiterin erzählt, der die Kinnlade runterfällt: der Herr Bota, Mensch, so kurz erst hier und schon so ein ausgezeichnetes Deutsch.

Auch die hässlichen Alltagsepisoden brannten sich meinen Eltern ein. Aber sie ließen meinen Vater nicht lauter werden oder fordernder, er wurde nicht stachelig wie meine Mutter, die bald jede Unverschämtheit als ausländerfeindlich brandmarkte und einigen Spaß dabei hatte. Mein Vater wurde noch fleißiger, noch angepasster, noch stiller. Er gehörte immer zu jenen, die darauf vertrauen, dass die Menschen bei ihm genau hinsehen und seinen Wert erkennen. So hatte er es in Polen nach oben gebracht. Doch mir scheint, hier in Deutschland sehen die Menschen selten genau hin.

Er, der mit Fleiß und Anpassung aufgestiegen war, blieb mit der Ankunft in Deutschland auf einmal stehen. Für ihn ging es nicht weiter rauf, nur runter. Seine Diplome wurden zwar anerkannt, trotzdem stellte man ihn als Techniker an. «Ich habe da mit Ihren Landsleuten leider schlechte Erfahrungen gemacht», hieß es in der Begründung. Außerdem entdeckte ein Jahr nach unserer Flucht die größte Konkurrenz den Westen: Ingenieure aus Ostdeutschland, die nicht besser waren, aber, wie es ihm ein Chef beim Bewerbungsgespräch sagte, nun mal perfekt Deutsch sprachen. Im Zweifelsfall stellte man doch lieber die eigenen Landsleute ein.

«Die Wiedervereinigung war mein größtes Pech», sagt mein Vater deshalb immer noch. Trotzdem hat er sie den Deutschen, sich selbst, immer gewünscht. Er fand die Teilung dieses Landes absurd, auch wenn sie seine Karriere zurückwarf. Heute weiß mein Vater, was er kann, er ist selbstbewusster als früher. Aber bis heute bedeutet ihm sein Ingenieurstitel die Welt. Er ist der Ausweis seiner harten Arbeit, sein Stolz, sein Schutzschild, der ihn unangreifbar macht, wenn ihm jemand blöd kommt. Mein Vater kann sich noch heute an den Tag erinnern, an dem im örtlichen Telefonbuch sein Name mit dem Kürzel Dipl.-Ing. erschien, ohne dass er es beantragt hatte. Als hätten die Deutschen endlich anerkannt, was er im Leben erreicht hatte. Erst spät begriff ich, wie wichtig ihm das war.

In fünf Jahren wird mein Vater genauso viele Jahre in Deutschland gelebt haben wie in Polen. Oft plagt mich das Gewissen: Geht es mir gut, weil es ihm schlecht ergangen ist? Ist sein Leben der Preis für meines?

«Papa, bereust du, weggegangen zu sein?»

«Nein.» Er klingt entschieden. «Nicht mehr.» Und dann klingt er erleichtert, er sagt im Chor mit meiner Mutter auf Schlesisch: «My to schaffneli.» Wir haben es geschafft.

Die beiden sitzen im Wohnzimmer des Reihenhauses, das sie gekauft haben, als wir Kinder schon längst ausgezogen waren. Sie werden es abbezahlen, bis sie 75 sind. Doch es war ihnen wichtig, es ist ihr Beweis aus Ziegel, dass sie doch hierhergehören: in die deutsche Mittelschicht, die sie viele Jahre nur von unten betrachtet haben. Fotos von uns Kindern stehen auf dem Schrank, die Katze döst auf dem Sofa, in der Ecke läuft der große Plasmafernseher, in den Regalen stehen keine Bücher, nur Fotos. Und mittendrin wir Kinder, die zu Besuch sind und über das viele Essen herfallen, das es für uns gibt: mein Bruder, der Arzt, und ich, die Journalistin.

Und ich begreife, dass, selbst wenn mein Vater seine Auswanderung bereuen sollte, selbst wenn er sich fragte, ob es nicht sinnlos ist, die Zugehörigkeit zu Deutschland immer wieder erkämpfen zu wollen, selbst wenn er leiden sollte: Niemals würde er es zugeben. Er würde uns Kinder nach Hause fahren und sagen, dass er glücklich ist. Er würde fragen, ob alles in Ordnung ist und wie es bei der Arbeit läuft. Er würde sich die Anekdoten anhören und sich die Interviewtermine mit irgendwelchen Politikern merken, und vielleicht würde er bei der Arbeit seinen deutschen Kollegen davon erzählen. Was seine Tochter so macht. Was sein Sohn so macht. Er hat uns Kinder, die ihn deutsch machen.

Neulich im Schrebergarten, als die Bäume schon grünten: Mein Vater jätet mit meiner Mutter Unkraut und gräbt die Beete um. Ein Nachbar schaut über die Hecke, er gehört zu den Deutschen, die immer weniger werden, weil Polen und Russen Schrebergärten lieben und sie übernehmen. Sie nennen den Nachbarn Pastor, weil er immerzu predigt. «Das Gönnerhafte» nennt es meine Mutter. Sie hasst das, dieses Gefühl, wenn ein Deutscher meint, den kleinen Polen die Welt erklären zu müssen. Sie riecht überall Herabsetzung, vermutlich auch dann, wenn es gar keine gibt. Der Pastor erzählt. Gestern habe er diese Sendung gesehen, von dem Giovanni di Lorenzo. Pause. Ob meine Eltern den überhaupt kennen? «Ja, natürlich», sagt mein Vater ruhig. «Das ist der Chef meiner Tochter.»

Während mein Vater mir das erzählt, leuchten seine Augen. «Ihr Kinder, ihr seid für uns das Unglaublichste. Ihr seid unser größter Erfolg.» Die Arbeit, das Haus, der Garten, die Kinder. Meine Eltern gehören dazu, sagen sie.

In diesen Augenblicken fühlen sie sich ganz angekommen, dann reden sie gern von den früheren Jahren, als erzählten sie sich etwas aus einem Abenteuerroman. Heiter hängen sie ihren Erinnerungen nach, basteln sich eine Geschichte über ihr Leben, die nicht mehr ganz so hart klingt, wie sie war. Diese Erinnerungen tun ihnen nicht weh, weil sie ausblenden, dass meine Mutter und mein Vater ihre ganze Kraft darauf verwendet haben, um in diesem neuen Land anzukommen. Ich aber will es nicht vergessen.

Egal, was wir in Deutschland erreicht haben, so wie die Deutschen konnten wir nie werden. Denn das, was unsere Eltern uns mitgegeben haben, wurden wir nicht los. Der Schriftsteller Feridun Zaimoğlu hat es einmal so ausgedrückt: «Du kannst dir den Fremdländer nimmer aus der Fresse wischen.» Das gilt nicht nur phänotypisch. Es ist wie mit dem Haarefärben: Du blondierst sie ständig, aber die Ansätze wollen einfach nicht blond bleiben. Das schwarze Haar wächst immer wieder nach. Wir waren anders als die deutschen Kinder und wurden auch zu anderen Erwachsenen. Irgendwann kam der Punkt, an dem wir merkten, dass wir das nachwachsende schwarze Haar einfach nicht loswerden würden. Und irgendwann fanden wir es eigentlich auch ganz schön.

Es war nicht so, dass wir uns zwischen zwei Identitäten zerrissen fühlten oder orientierungslos waren. Wir waren dabei, etwas Neues für uns zu suchen, etwas, von dem wir bald erfuhren, dass es nicht vorgesehen war. Es gab Ausländer wie unsere Eltern und Deutsche wie die Deutschen. Aber was waren wir? Wir, die beides in sich trugen, hatten keinen Namen.

Vermutlich erleben die meisten neuen Deutschen irgendwann in ihrem Leben diesen Augenblick. Sie stellen fest, dass sie weder richtige Deutsche noch richtige Ausländer sind, sondern eine gemischte, hybride Identität haben. Die Soziologin Naika Foroutan beobachtet bei den neuen Deutschen eine Sehnsucht danach, das eigene Selbstverständnis mit der Wahrnehmung von außen zusammenzubringen. Zu formulieren, wie es sich anfühlt, als Ausländer gesehen zu werden, aber sich selbst als Deutscher zu fühlen. Den Widerspruch auszulösen zwischen den beiden Seiten, die an einem zerren.

Viele von uns machten sich als junge Erwachsene auf die Suche nach einer eigenen Identität, die anders sein könnte als die der Eltern oder die der Deutschen. Wir entdecken, dass die eine Identität die andere nicht verdrängen muss. Wir ringen darum, etwas Neues entstehen zu lassen. Denn irgendwann haben wir begriffen, dass wir nicht weniger haben als unsere deutschen Altersgenossen. Womöglich haben wir sogar etwas, das die anderen nicht haben: vielleicht zwei Sprachen, anderthalb Kulturen oder zwei Pässe.

Wir haben aufgehört, einen Teil von uns zu leugnen und andere um ihre scheinbare Sorglosigkeit und Normalität zu beneiden, die so sorglos und normal vermutlich nicht war. Um ihr Deutschsein. Heute wollen wir uns nicht mehr anpassen, sondern ausleben. Wir wissen nicht, ob das geht, ob wir einfach hinter uns lassen können, was wir über die Jahre verinnerlicht haben. Wir versuchen es. Wir neuen Deutschen lernen erst gerade, mit unserer Identität zu spielen. Wir sehen die Möglichkeiten, die sie uns bietet. Das haben wir unseren Eltern voraus: Sie werden immer Sehnsucht nach einer alten Heimat haben, so heimisch sie sich mittlerweile in Deutschland fühlen mögen. Doch das ist ihre Sehnsucht, nicht unsere. Wir geraten nicht so leicht in Loyalitätskonflikte. Nur dann, wenn ein Teil von uns erdrückt wird oder nicht sein darf. Denn dieser Teil unserer

Identität wird uns für immer mit unseren Eltern und ihrer alten Heimat verbinden. Wir können, wir wollen uns davon nicht trennen.

Und noch etwas unterscheidet uns von unseren Eltern: Unsere Eltern sind hier eingewandert, wir sind hier aufgewachsen. Deshalb fühlen wir uns diesem Land zugehöriger als sie. Wir fordern und erwarten mehr. Aber auch wir können uns nicht frei machen von dem Gefühl, dass wir hart arbeiten müssen, um uns Anerkennung, unseren Platz in dieser Gesellschaft zu verdienen.

VI. Scheitern ist keine Option

Die Begleitmusik unserer Jugendjahre war ziemlich dröhnend, aber wir gewöhnten uns an sie. Denn obwohl unsere Eltern aus den unterschiedlichsten Ländern kamen, obwohl die einen fast nichts hatten und die anderen ihr eigenes Haus, obwohl die einen in der Fabrik arbeiteten und die anderen Akademiker waren, gingen die Melodien daheim ziemlich ähnlich.

«Du bist keine Deutsche. Du musst doppelt so viel leisten wie sie.»

«Vergiss nicht: Wir müssen es den anderen zeigen.»

«Wenn du schlecht in der Schule bist, dann musst du zurück in die Türkei.»

Unsere Eltern teilen etwas: Sie kamen aus ihrer Heimat, fingen ziemlich weit unten an und wollten hochkommen. Sie wurden angetrieben von der Angst, es in dem fremden Land nicht zu schaffen. Nicht aufzusteigen hätte bedeutet, die Chancen nicht zu nutzen, die Deutschland ihnen gab. Sie wollten es sich und den Deutschen beweisen, und diesen Antrieb vererbten sie uns: Wären wir gescheitert, wir wären wieder zu Ausländern geworden, hätten unseren Platz in dieser Gesellschaft verwirkt. Wir spürten die Unsicherheit zu Hause und nahmen uns vor, unsere Familiengeschichten in diesem Land zu verankern. Wir lernten, um unseren Weg zu kämpfen. Uns auf dem Gefühl, voranzukommen, nicht auszuruhen.

Wir verinnerlichten, was unsere Eltern uns vorlebten, während sie sich mühsam behaupteten: dass Leistung die Währung war, mit der sie sich den Zutritt in die Welt der Deutschen erkauften. Je mehr sie arbeiteten, desto mehr wurden sie akzeptiert. Ihre Arbeit war die Antwort auf die misstrauische Frage, was sie hier eigentlich zu suchen hatten. Ob sie diesem Land etwas brachten außer Problemen, Forderungen und Frust. Unsere Eltern machten sich nützlich, also durften sie sein: weil sie durch ihre Arbeit die Aufenthaltserlaubnis verlängert bekamen, weil sie ihre Fortbildung, ihre Fachprüfung schafften oder einen guten Job fanden, der ihnen ein Gefühl der Erleichterung gab. Sie fielen niemandem zur Last, auch dem deutschen Staat nicht. Hätten sie Sozialhilfe oder später Hartz IV bezogen, ihr Platz in Deutschland wäre sehr schnell in Frage gestellt worden.

Wir erlebten, wie ihre Fehler und ihre Leistung besonders genau beobachtet wurden, wir bildeten uns ein, dass auch unsere Leistungen und Misserfolge ganz genau observiert wurden. Es war besser für uns, wenn wir die Liste mit den Missgeschicken kurz hielten. Vermutlich war unser Gefühl trügerisch, es war auch ungerecht, weil wir uns nie vor jemandem rechtfertigen mussten. Aber wir waren uns sicher: Erfolg macht deutsch.

Wenn Erfolg die Fremden deutsch macht, dann macht Scheitern sie undeutsch. Hätte man Lukas Podolski, der von sich sagt, dass ein deutsches und ein polnisches Herz in seiner Brust schlagen, den Deutschen auch ohne seine Erfolge abgenommen? Hätte er auch dann das Recht auf seine zwei kulturellen Herzen, wenn er nicht zu den Siegern, sondern zu den Verlierern zählte? Würde Mesut Özil auch dann als Deutscher gelten, wenn er nicht ein erfolgreicher Fußballnationalspieler wäre, sondern in der Kreisliga spielte? Käme mehr Kritik über seine Aussprache oder seine schulische Ausbildung, wenn er nicht so viele Tore machte? Die Gleichung erfolgreich = deutsch ist heikel, denn sie bedeutet, dass der Respekt, der jedem zusteht, verhandelbar wird: Er hängt von der eigenen Anstrengung ab.

Vielleicht sind wir deshalb zu den rastlosen Menschen geworden, die wir heute sind. Wir sahen, wie sich selbst Integrationsskeptiker durch Bildungs- und Arbeitserfolge beruhigen ließen, wie die Wirtschaftsliberalen berechneten, dass Einwanderer den Fachkräftemangel mildern könnten, und wie unsere Eltern durch ihre Leistung weniger angreifbar wurden. Manchmal sperrten wir uns gegen diese Art des Denkens, die den Wert des Menschen kalt beziffert und Migranten in gute und schlechte Ausländer aufteilt. Aber in Wahrheit hatten wir die Lektion längst gelernt: Erfolg macht unsere Herkunft wett. Wir waren nicht mit einem bestimmten Platz in diese Gesellschaft geboren worden, wir mussten ihn uns erst erarbeiten. Unsere Eltern lebten es uns vor.

«Ihr Vietnamesen seid doch so fleißig»

Mein Vater hockte sich zu mir und schrieb mit einem Bleistift eine 24 in ein Schulheft, daneben setzte er eine 3. Es war eines dieser Wochenenden, an denen er Zeit hatte, mit mir zu spielen. Er erklärte, dass die zweite Zahl mehrere Male in die erste passe. «Wie oft musst du drei und drei zusammen-zählen, damit du auf 24 kommst?», fragte er. Gemeinsam zählten wir, bis wir auf 8 kamen. Er schrieb die Zahl in das Heft. Wir spielten den ganzen Nachmittag.

Als ich meinen neunten Geburtstag feierte, spielten wir in großer Runde. «Wer weiß, wie viel 215 plus 635 ist?», fragte mein Vater. Ich meldete mich. Jedes Mal, wenn er eine Aufgabe stellte, meldete ich mich als eine der Ersten, denn ich konnte wegen unserer Wochenendübungen schnell rechnen. Wir spielten so lange, bis meine Mutter das Abendessen auf den Tisch stellte, Spaghetti oder so etwas. Es war eine tolle Feier, aber zwischendurch kam mir ein Gedanke: Ist es eigentlich normal, auf seinem eigenen Geburtstag Mathe zu üben?

Die Vietnamesen lieben Mathematik. Sie glauben, dass sie dafür ein besonderes Talent hätten. Mein Vater war sehr stolz, als ein Bekannter in Berlin, der Sohn von Onkel Soundso, die Mathematikolympiade für Schüler gewonnen hatte. Er war stolz, als ein Exilvietnamese einen wichtigen Mathematikpreis gewann; sogar die Regierung in Hanoi war stolz. Dass inzwischen immer mehr junge Vietnamesen lieber BWL als Mathematik studieren, macht Kommentatoren in vietnamesischen Zeitungen ernsthaft Sorgen.

«Meine Tochter hat das beste Abitur an ihrer Schule gemacht!»

«Mein Sohn hat einen Preis bei *Jugend forscht* gewonnen!»

«Meine Kinder machen beim Klavierwettbewerb mit!»

Wie oft habe ich diese Sätze als Kind gehört. Die Freunde meiner Eltern sagten sie auf Geburtstagsfeiern und Karaoke-

Partys, sie sagten sie, während wir danebenstanden, und wiederholten sie später zu Hause: Nimm dir ein Beispiel an den anderen! Wir hörten betreten zu. Es war uns unangenehm, verglichen zu werden, es setzte uns unter Druck. Wir mussten unsere Eltern stolz machen, wir durften nicht scheitern.

Wenn unsere Eltern ihre Feste feierten, waren wir Kinder dabei – als Vorprogramm. Truc spielte Geige, ich Klavier, und Khanh und Na sangen. Es war wie *Deutschland sucht den Superstar* in klein: Wir führten unsere Talente vor, das Publikum bewertete sie. Wir taten es unseren Eltern zuliebe, genervt, aber auch angespornt von ihrem Ehrgeiz. Wir fühlten uns verpflichtet und irgendwie ausgenutzt. Uns war nicht bewusst, dass sie auch vorführen wollten, was für tolle Möglichkeiten sie uns gaben. Dass sie stolz darauf waren, uns zum Musikunterricht und in den Sportverein zu schicken, weil es in Vietnam kaum Musikschulen oder Sportvereine gab.

Vietnamesen legen viel Wert auf Bildung. Lehrer und Professoren werden besonders respektiert, Philosophen und Dichter verehrt. Intellektuelle haben den höchsten Rang in der Gesellschaft, den niedrigsten haben die Kaufleute. Das sind die konfuzianischen Werte, die das Land geprägt haben. Meine Eltern und ihre Bekannten haben dieses Gesellschaftsbild mitgenommen, als sie in den 60er und 70er Jahren nach Deutschland kamen.

Die deutsche Gesellschaft war ihnen fremd, sie folgte anderen Regeln und Werten. Vielleicht bemühten sich unsere Eltern daher umso mehr darum, vor anderen Vietnamesen zu glänzen. Den Erwachsenen war sehr wichtig, welche Zensuren ihre Kinder in der Schule hatten. Sie erzählten einander von den Deutschnoten und Abiturprüfungen; wer einen Einserschüler als Kind hatte, der bekam große Anerkennung. Auch meine Eltern fanden alles ab der Note 2 nicht beeindruckend. «Du verstehst das nicht, eine 2 heißt gut», versuchte ich meiner Mutter immer wieder zu erklären. «Deutsche Eltern würden sich darüber freuen.» Meiner Mutter war das egal. Sie sprach von den vietnamesischen Bekannten, die das beste Abitur ihrer Schule erreicht hatten.

«Wir leben in Deutschland», antwortete ich, «wir müssen uns an die Deutschen anpassen.» – «Du bist aber nicht deutsch», erwiderte sie. «Du musst doppelt so viel leisten wie die Deutschen, weil du Ausländerin bist.» Meine Mutter glaubte, dass wir einen Makel hatten, weil wir Vietnamesen waren. Sie glaubte, dass wir uns unseren Platz erarbeiten mussten.

Als ich in den 90er Jahren zur Schule ging, wurden Vietnamesen häufiger mal «Fidschis» genannt und für Zigarettenschmuggler oder Asylbewerber gehalten. Vielen galten Ausländer als faul, arm und begriffsstutzig. Aber ich wusste, wie sehr unsere Bekannten ihre Kinder förderten; ich wusste, dass auch die, die schlecht Deutsch sprachen, Ehrgeiz und Ziele hatten. Der Blumenverkäufer sparte sein Geld, damit die Tochter privaten Tennisunterricht nehmen konnte. Die Bäckereigehilfin kutschierte ihre Kinder vor und nach der Arbeit zu ihren Ausbildungsplätzen. Der Restaurantbesitzer wollte bloß nicht, dass sein Sohn das Geschäft übernahm: Er sollte studieren und Manager werden.

Unsere Eltern investierten so viel in uns, weil sie Aufstieg nicht als persönlichen Aufstieg, sondern als den der ganzen

Familie verstanden. Sie arbeiteten hart, und sie erwarteten von uns, ihren Kindern, dasselbe. Sie erklärten uns nicht, warum sie uns selten lobten, oft bestraften und nie zufrieden waren. Ich wuchs mit dem Gefühl auf, dass es im Leben nichts Schlimmeres gibt, als zu versagen.

Versagen hieß: die Eltern zu enttäuschen, Zeit zu vergeuden, nicht das Beste aus den Möglichkeiten zu machen. Versagen hieß: das Vorurteil über die nichtsnutzigen Ausländer zu bestätigen. Unseren Kritikern die Genugtuung zu geben, dass sie recht hätten. Ich war die älteste Tochter, ich wurde am vietnamesischsten erzogen: Sei ein Vorbild für deine Geschwister. Gehorche deinen Eltern. Streng dich an in der Schule. Jammer nicht rum.

Ich war eine gute Schülerin, aber ich quatschte oft im Unterricht. Ich war Klassensprecherin, aber ich kam jeden Tag zu spät. Ich rebellierte gegen die Rolle des Vorzeigekinds, während ich die Rolle spielte. Etwas in mir sträubte sich gegen das Leistungsdenken. Ich fand die vietnamesische Erziehung autoritär und die Talentwettbewerbe lächerlich. Aber ich fühlte mich meiner Familie verpflichtet. Auch das ist Teil der konfuzianischen Kultur: Die Gemeinschaft steht über dem Einzelnen. Die Pflicht über der Laune.

Ich kenne viele Vietnamesen der zweiten Generation, die sehr ehrgeizig sind, weil sie ihren Eltern etwas zurückgeben wollen. Sie machen ein gutes Abitur, studieren BWL, Jura oder Medizin, sie bekommen einen guten Job. In den Medien wird vom «vietnamesischen Bildungswunder» gesprochen, weil vietnamesische Schüler häufiger Abitur machen als deutsche. Aber ich kenne auch Studienabbrecher, Arbeitslose und Orientierungslose. Manche von ihnen sind an dem Druck zerbrochen und depressiv geworden. Nicht jeder Vietnamese ist gut in der Schule oder musikalisch begabt oder intelligent; es gibt keine besondere Begabung. Es gibt nur diese besondere Erwartung.

Vietnamesen gelten inzwischen als gute Ausländer, das schlechte Vorurteil wurde gegen ein gutes ausgetauscht. Seit einigen Jahren höre ich immer wieder Sätze wie: «Ihr seid doch so fleißig» oder «Asiaten sind so schlau». Sogar Philipp Rösler, der in Vietnam geboren wurde und mit neun Monaten von Deutschen adoptiert wurde, galt einige Zeit lang als Beispiel für das vietnamesische Erfolgsmodell. Auch in Vietnam vereinnahmten sie ihn: Wie stolz war das Land, als Rösler FDP-Chef und Vizekanzler wurde. Jetzt, wo seine Partei am Boden liegt, wird kaum noch über ihn berichtet.

Die Deutschen mögen uns jetzt, das vietnamesische Leistungsdenken hat sich scheinbar ausgezahlt. Sogar Thilo Sarrazin führt die Vietnamesen als Beispiel dafür an, dass sich Ausländer integrieren können, wenn sie nur hart genug arbeiten. Auf der Leiter der Ausländer sind die Vietnamesen nach oben geklettert, weil ihre Kultur ihnen den Aufstiegswillen beibringt. Aber der Erfolg hat einen Preis. Er schließt die Scheiternden aus und beruht auf einer autoritären Denkweise, die alles andere als freiheitlich, individualistisch oder mitfühlend ist. Sie ist alles andere als das, wofür Deutschland steht.

Die ersten Vietnamesen meiner Generation bekommen jetzt Kinder, die meisten geben ihnen deutsche Namen. Sie werden ihren Kindern nicht das Gefühl geben, dass sie ihre vietnamesische Herkunft durch Leistung wettmachen müssten, denn sie sind inzwischen selbst Teil dieser Gesellschaft.

Ihre Kinder müssen hoffentlich nicht mehr darum kämpfen, in Deutschland anerkannt zu werden.

Manchmal klopfen mir andere auf die Schulter, weil ich einen guten Job habe, weil ich scheinbar angekommen bin. Es ist ein seltsames Gefühl, weil sich Außen- und Innenwahrnehmung so stark unterscheiden. Es irritiert mich, zu hören, dass meine vietnamesische Herkunft so interessant sei. Dass meine Biographie mein Pluspunkt sei. Vielleicht sagen sie das, weil sie nicht wissen, dass es sich mein Leben lang ganz anders angefühlt hat. Vielleicht haben sie vergessen, dass ich nicht nur eine Biographie habe, sondern auch eine Ausbildung, die keine Station ausgelassen hat. Mein Wunsch ist, dass meine Leistung zählt, nicht meine Herkunft. Dass sie genauso viel wert ist wie die eines Deutschen, nicht mehr und nicht weniger.

Was wir in unseren Familien erlebt haben, haben wir auch bei vielen anderen Familien gesehen. Polnische Bekannte, türkische Nachbarn, vietnamesische Freunde, sie alle wollten, dass aus ihren Kindern etwas wird. Sie wussten, dass gute Abschlüsse in Deutschland wichtig sind, sie sprachen mit Ehrfurcht vom Gymnasium oder dem Abitur, als wäre das der Zauberschlüssel, der alle Türen öffnet. Sie wollten stolz von ihren Kindern berichten können, vielleicht auch ein wenig angeben vor den anderen, weil ihre Kinder trotz schwieriger Bedingungen ganz wohl geraten sind. Sie waren nicht der Meinung, dass Bildung sich nicht lohnen würde, weil es womöglich bald schon wieder zurück in die Heimat ginge; sie behaupteten auch nicht, dass ein Abitur vergeudete Zeit sei und ein Hauptschulabschluss reiche.

Unsere Erfahrungen spiegeln sich in Statistiken wider: Selbst bei den angeblich bildungsfernen türkischen Eltern will die große Mehrheit, dass ihre Kinder etwas erreichen und Abitur machen, damit sie es aus den niedrigen Lebensbedingungen daheim herausschaffen: «Immigrant Optimism» nennen das die Forscher. Und der Soziologe Jörg Dollmann fand heraus, dass türkischstämmige Kinder, die aus ähnlichen Verhältnissen kommen wie ihre deutschen Schulfreunde und ähnliche Leistungen erbringen, häufiger auf Gymnasien wechseln als deutsche Kinder – ohne diskriminiert zu werden.

Trotzdem hat fast jeder Dritte zwischen 25 und 35 keine abgeschlossene Ausbildung und kein Studium. Offenbar passiert etwas, sodass eine Kluft zwischen Anspruch und Aufstieg aufreißt und sehr viele auf der Strecke bleiben. Liegt es daran, dass die Eltern ihre Kinder als Ärzte oder Anwälte sehen, aber zu Hause nicht einmal eine Zeitung auf dem Tisch liegt oder Bücher im Regal stehen? Dass sie das deutsche Bildungssystem nicht begreifen und ihre Kinder zu falschen Entscheidungen treiben? Dass sie ihren Kindern nicht bei den Hausaufgaben helfen können? Dass sie alles dafür tun, damit ihre Tochter einen Mann findet, aber wenig, um ihr bei der Suche nach einem Ausbildungsplatz zu helfen?

Für die Kinder dieser Eltern ist es schwer, hochzukommen – und wenn sie die Schule schaffen, wenn sie sich auch ohne Hilfe in der Familie bewiesen haben, dann warten auf sie schon die nächsten Hürden. Ein Name wie Mohammed reicht, um in einem kleinen Betrieb eine bis zu 24 Prozent geringere Chance zu haben, überhaupt zum Vorstellungsgespräch eingeladen zu werden als jemand, der Matthias heißt – bei gleicher Qualifikation. Selbst ihr Universitätsabschluss ist weniger wert: Akade-

miker mit Migrationshintergrund sind dreimal so häufig arbeitslos wie Akademiker ohne. Für viele wirkt die Herkunft wie
eine Wertminderung – je fremder, desto schlechter der Kurs.

Unsere Eltern kannten solche, die gescheitert sind. Deren
Kinder nach und nach aus einem geordneten Leben entglitten.
Diese Geschichten waren ihnen eine Warnung, sie erfüllten sie
mit Angst und Sorge. Deswegen wollten sie uns so viele Möglichkeiten geben, wie sie eben konnten. Sie ließen keinen El-
ternabend aus, keinen Elternsprechtag, die polnischen Eltern
bezahlten Nachhilfe, obwohl das Geld knapp war, die türkische
Mutter finanzierte der Tochter das Studium, statt sich wie alle
anderen in ihrer Nachbarschaft ein Haus zu kaufen. Konnten
uns unsere Familien nicht helfen, dann standen sie uns zumindest nicht im Weg: Sie ließen andere helfen. Da waren deutsche
Nachbarn, Lehrer, Bekannte, die an uns glaubten. Die 70-jäh-
rige Frau bei der Caritas, die ein Jahr lang zwei-, dreimal die
Woche mehrere Stunden lang den polnischen Kindern Deutsch
beibrachte, ohne Geld dafür zu verlangen. Die strenge Lehrerin, die sich damit durchsetzte, dass der Junge aus Polen auf ein
Gymnasium kam, obwohl sein Deutsch noch gebrochen klang.
Die katholische Kirche, die das Zeltlager für Kinder subventio-
nierte. Die Schulfreundin, die jede Woche bei den Hausaufgaben half.

Wir hatten viel Glück, dass wir diesen Menschen begeg-
neten. Sie interessierten sich für uns und fühlten sich verantwortlich, obwohl wir ihnen genauso gut hätten gleichgültig
sein können. Sie halfen uns dabei, unseren Antrieb in eine gute
Richtung zu lenken – und manchmal gaben sie uns die entscheidende Chance.

Mein Migrantenticket

Im Sommer 1996 hielt ich den Beweis in der Hand, dass ich gerade den Sieg meiner Jugend errungen hatte. Vor Aufregung knüllte ich den Brief mit den Glückwünschen zusammen, der in einer anonymen Computerschrift verfasst war. Keine Absage? War das ein Witz?

Ich war 16 Jahre alt und wollte für ein Jahr weg, ins Ausland. Meine Eltern fielen bei diesem Plan aus: Kurz zuvor hatten sie Kredite aufgenommen, um sich selbständig zu machen. Ihre Schulden sollten sie, wenn es gut lief, die nächsten 30 Jahre lang abbezahlen. Ein Jahr für 8000 Mark? Ihr Auto hatte nicht einmal die Hälfte gekostet.

Also bewarb ich mich um ein Stipendium. Ich hatte diese Bewerbung meinen Eltern gegenüber nur flüchtig erwähnt, sie fragten auch nicht weiter danach. Und nun stand da in diesem Brief, dass ich im August für ein Jahr in die USA gehen könne. Man gratuliere mir, die Jury habe sich unter den zahlreichen Bewerbern für mich entschieden. Nichts müsse ich bezahlen, nicht den Flug, nicht die Gebühren für die Organisation, nicht die Versicherungen. Ich war Stipendiatin des Deutschen Bundestages und des amerikanischen Kongresses. Ich sollte, so stand es in dem Schreiben, für ein Jahr «Junior-Botschafterin» Deutschlands in den USA sein.

Ich, Deutschland repräsentieren? Haben die etwas nicht mitbekommen? Nicht genau hingeschaut?

Bei dem Auswahlgespräch waren wir etwa zehn, elf Jugendliche. Die meisten trugen Hemd oder Bluse, manche ein Sakko. Ich trug meine schwarzen abgewetzten Stiefel, 16 Loch, mit Stahlkappen, eine schwarze zerrissene Jeans und einen schwarzen Kapuzenpullover. Ich sah aus, als wäre ich nach einer Demonstration im schwarzen Block zum nächsten Termin spaziert und hätte vergessen, mich umzuziehen. Hatte ich aber nicht. Ich sah immer so aus. Wir saßen im Kreis und spielten Szenarien durch, wir sollten uns beweisen.

Als ich einige Monate zuvor die Bewerbung geschrieben hatte, 10, 15 Seiten lang, betrug mein Notendurchschnitt 3,4. Ich schrieb, dass ich in einem Ort geboren worden sei, der Krappitz heiße. Ich schrieb, dass dieser Ort in Polen liege und meine Familie und ich 1988 aus Polen nach Deutschland geflohen seien. Ich schrieb, dass ich seitdem wisse, was es bedeute, Rücksicht auf andere Kulturen zu nehmen und sich zurechtzufinden.

Zum ersten Mal in meinem Leben bewarb ich mich um etwas. Warum erwähnte ich meine polnische Herkunft, über die ich sonst schwieg? Normalerweise war ich damit beschäftigt, das Polnische in mir zu verstecken. Ich sprach nicht mit meinen Freunden und Bekannten darüber, obwohl sie davon wussten, wissen mussten. Es reichte, dass sie bei mir daheim anriefen und meine Mutter oder mein Vater sich am Telefon meldeten. Es war unüberhörbar. Ich schämte mich dafür, und nun breitete ich es vor Fremden aus.

Es war, als holte ich ein abgelegtes Kleidungsstück heraus, das ich eigentlich nicht mochte, mir aber zu diesem ungewöhnlichen Anlass ganz gut stand. Vielleicht spürte ich auch, dass ich sonst nicht viel vorzuweisen hatte. Vielleicht hatte ich auch einfach dieses Mal keine Angst, das Polnische hervorzuholen – es war ja nur für kurze Zeit, eine Sache zwischen den Juroren und mir, und wenn die Bewerbung vorbei war, konnte ich diesen Teil meiner Identität genauso gut wieder ruhen lassen. Es stand mir nicht auf der Stirn geschrieben, dass ich von woanders komme: die Haut hell, die Augen blau, der Name europäisch klingend. Einzig der Blick in meinen Lebenslauf verriet damals meine Herkunft. Es lag in meiner Hand, ob ich davon berichten wollte oder nicht. Die Polin konnte genauso gut wieder untertauchen. Niemand würde sie vermissen. Auch ich nicht.

Ich kenne die offizielle Begründung dafür nicht, warum gerade ich die Zusage erhalten habe. Vielleicht fand die Jury es ungewöhnlich, dass eine Schülerin wie ich es wagte, sich zu bewerben. Vielleicht fand sie, dass ich wirklich ganz gut zwischen den Kulturen wandern konnte und mich deshalb als 16jährige in Amerika zurechtfinden würde. Vielleicht aber sahen die Juroren in mir eine Geschichte, die rar ist. Da kommt ein Mädchen aus Polen nach Deutschland, kennt die Sprache nicht, überspringt nach einem halben Jahr eine Klasse und geht schließlich auf ein Gymnasium. Und nun fordert dieses Mädchen etwas ein, von dem andere sagen würden, dass es ihr, der miserablen Schülerin, eigentlich nicht zusteht. Vielleicht sahen diejenigen, die damals meine Zukunft verhandelten, etwas, was ich damals nicht spürte, weil es bis dahin auch sonst niemand zu bemerken schien: dass meine Lebensgeschichte erkämpft war. Ich hatte etwas geleistet, auch wenn die Zwischenbilanz meines Lebens gerade nicht ganz so gut ausfiel.

Zum ersten Mal ging mir auf, dass Scham womöglich nicht das passende Gefühl ist, um das eigene Leben und die eigene Herkunft anzuschauen. Wenn deutsche Juroren es nicht für bedenklich hielten, eine Jugendliche aus Polen nach Amerika zu schicken, um Deutschland zu repräsentieren –

warum tat ich dann so, als wäre meine Herkunft ein Schandfleck? Ich hatte eine Geschichte, die andere nicht hatten. Sie konnten sie auch nicht kaufen, sich nicht basteln, ganz gleich, wie viele Sprachen sie beherrschten oder wie oft sie im Ausland gewesen waren. Ich hatte das Polnische in mir verdrängt, aber nun holte ich es heraus, wohl dosiert. Ich machte meinen Makel zum Merkmal.

Es war dieses eine Stipendium, das mir die Türen öffnete: Fortan war es viel einfacher, sich um einen Praktikumsplatz zu bewerben oder um weitere Förderungen. In meinen Bewerbungen ließ ich nichts aus. Ich schrieb, dass es einen Bruch in meinem Leben gab, dass ich mich hochgearbeitet habe, dass zwei Herzen in meiner Brust schlagen, die mehr fühlen als nur eines, dass ich durch meinen Hintergrund besonders sensibilisiert bin für kulturelle Feinheiten. Besonders gut kam es an, wenn es um die Sprache ging: Das Polenkind hatte Deutsch gelernt. Es war schlecht in der Schule, aber nun liebte es die deutsche Literatur. Was für eine schöne Geschichte.

Aus Polen zu kommen hatte für mich früher bedeutet, Verlierer zu sein. Als Studentin bedeutete es, die Magisterarbeit mit Forschungsstipendien in Warschau zu schreiben. Es bedeutete, bei den Bewerbungen für die Journalistenschule darauf zu verweisen, erst mit acht Jahren Deutsch gelernt zu haben und damit Eindruck zu schinden. Es bedeutete, sich bei Zeitungen zu bewerben und als Einzige über eine Sprache zu verfügen, die in einem der größten deutschen Nachbarländer gesprochen wird. Französisch können viele. Polnisch nicht. Ich ließ es bei keinem der Bewerbungsgespräche aus.

«Übrigens, ich spreche Polnisch. Und die Kaczyńskis regieren gerade in Polen. Ich könnte dazu etwas schreiben.»

«Sie sprechen Polnisch?»

«Ja, ich bin dort geboren. Meine Familie floh 1988 nach Deutschland.»

«1988?»

«Ja, ein ungünstiger Zeitpunkt.»

Ich habe diese Informationen mit Kalkül gestreut. Warum auch nicht? Schließlich stimmte es ja. Nichts in meinem Leben war prägender, als Polen verlassen zu haben. Es war der Bruch schlechthin, es gab ein Leben vor der Flucht und eines danach. Andere verwiesen auf ihre Hobbys, sie erzählten davon, dass sie Leistungssport machten, Klavier spielten, ab und zu vielleicht Aufführungen hatten und sich in der Kirche engagierten. Ich war keine Leistungssportlerin, ich hatte kein Cello, auch kein Klavier, also verwies ich auf mein Leben, das nach der besseren Geschichte klang. Manchmal kam es mir vor, als ginge ich mit meiner Biographie hausieren wie ein Kriegsveteran, der seine Enkel mit Geschichten von früher zu beeindrucken versucht. «Kinder, also damals, in dieser Nacht 1988, als die Mauer noch stand und die Grenzen bewacht waren und wir nichts hatten außer zwei Koffern, aber wir haben es geschafft, und nun sitzen wir heute in dieser schönen Wohnung, unglaublich, nicht?»

Meine Auslassungen zu Polen klangen überzeichnet, artifiziell. Sie kamen mir vor, als würde ich nicht mehr von meinem persönlichen Leben, sondern irgendeine fremde Geschichte erzählen, die ich aufgeschnappt hatte. Meine Entfremdung gegenüber Polen konnte ich mit dem Ausspielen meiner Biographie nie tilgen, wohl aber mein Gefühl, dass dieses Land schlechter oder weniger wert ist. Meine Herkunft musste etwas wert sein, wenn mir der Verweis darauf so oft etwas brachte.

Auf meinem Weg habe ich manchmal feine Sticheleien gleichaltriger Kollegen gehört. Ach, sieh an, bist du wieder mit dem Migrantenticket unterwegs? Ja, bin ich, warum auch nicht? Es fährt sich ganz gut damit. Mich berühren die Sticheleien nicht, mir scheint, sie bleiben nicht aus, wenn sich bestehende Machtverhältnisse auch nur ein bisschen zu verschieben drohen. Damals, bei der Bewerbung für das Austauschjahr, gewann außer mir eine Ostdeutsche. Die anderen murmelten, kein Wunder, dass sie das bekommen hat, sie ist eben Ossi. Heute heißt es über die Frauen, sie bekommen gute Jobs nicht wegen ihrer Leistung, sondern wegen ihres Geschlechts. Morgen wird es über die Migranten heißen, sie bekommen etwas, weil die Eltern Polen, Araber, Türken, Vietnamesen, Russen oder Iraner sind. Von denjenigen, die auf einmal gesellschaftliche Macht wollen, wird immer behauptet, dass sie nicht erkämpft, sondern geschenkt ist und ihnen eigentlich nicht zusteht. Entwertung ist Teil des Spiels.

Ich habe nie hinterfragt, ob es unmoralisch sein könnte, diese Karte auszuspielen. Denn mehr ist es ja nicht: eine Karte, eine Seite in meinem Leben und meinem Wesen, von der ich irgendwann beschloss, sie einzusetzen. Diese Karte bin nicht ich. Ich bin viel mehr als das. Die Karte, sie wäre ohne mich wertlos. Ich aber wäre nicht wertlos ohne diese Karte.

Nie würde ich diesen Teil in mir selbstbewusst abrufen, wenn ich nicht selbst darüber verfügen könnte. Wären meine

Haare dunkel und meine Augen braun, würde mein Name türkisch oder asiatisch klingen – ich weiß nicht, ob das Spiel mit den Uneindeutigkeiten aufginge. Es stünde mir ins Gesicht geschrieben, das Fremdsein. Ich könnte es nicht beherrschen, damit nicht kokettieren, denn ich hätte das Gefühl, abwehren zu müssen, was die anderen in mir sehen. Ich hätte Angst, dass meine Selbstbestimmung in die Hände Fremder fallen könnte.

Für unsere Eltern war die Herkunft der Schwarze Peter, mit dem sie leben mussten. Für manche von uns wird sie nach und nach zum Joker, den wir zu ziehen lernen. Wir erleben, dass es gar nicht so schlecht ist, diese biographische Karte auszuspielen, mit der man geboren wird. Es gibt da ein neues gesellschaftliches Bedürfnis nach Menschen wie uns, nach Sichtweisen, die nicht nur, aber auch deutsch sind.

Kürzlich, bei einem Besuch an einer Berliner Schule, von deren Schülern fast die Hälfte ausländische Eltern hat, ging es um die Medienerwartungen der Schüler, Abiturjahrgang. Lesen sie noch Zeitung? Schauen sie Fernsehen? Wenn ja: was? Und warum? Ein 17-jähriges Mädchen sagte, sie würde die Nachrichten über den Nahen Osten nicht im deutschen Fernsehen schauen, sondern bei der BBC. Dort hätten die Korrespondenten so gute Verbindungen zu den Ländern, außerdem sprächen sie oft Arabisch oder Persisch. Intuitiv traute sie den deutschen Medien nicht, die versuchten, ihr die Welt zu erklären, in deren Welt sie aber nicht vorkam.

Wir gehören zu einer Minderheit, die in diesen Jahren so groß wird, dass sie zu bedeutend ist, um weiterhin ignoriert zu werden. Wir sind Leser und Hörer, wir sind Zuschauer und

Käufer. Wir sind Konsumenten und Wähler, und wir sind es gern. Wir merken es, wenn Menschen mit unserer Biographie in Parteien nicht vorkommen, wir merken es, wenn sich die Biographien der Meinungsmacher oder der Chefs gleichen. Etwas mehr als ein Prozent der Redakteure in Deutschland haben einen Migrationshintergrund – wie gut können unsere Medien die Gesellschaft abbilden, wenn die Redaktionen kein bisschen repräsentativ sind? In Deutschland, so eine Studie der Unternehmensberatung Roland Berger, verlieren Unternehmen jährlich mehr als 20 Milliarden Euro, weil sie meinen, auf Frauen und Arbeitnehmer mit Migrationshintergrund verzichten zu können: Sie versperren sich den Zugang zu neuen Märkten oder Investitionsmitteln, sie verzichten auf die größere Kreativität, die bei multikulturellen Teams nachweislich herrscht. Begriffe wie «Diversity Management» spielen plötzlich eine Rolle.

Der Musiksender Viva hat schon vor mehr als zehn Jahren Kinder von Migranten als Moderatoren eingestellt, weil die Produzenten erkannt haben, dass sich ihr junges Publikum ändert und sie auf diese Veränderung reagieren müssen. Es ging ihnen nicht um gesellschaftliche Gerechtigkeit, nicht um die Verwirklichung eines Multikulti-Traums, sondern um Einschaltquoten. Auch die Parteien fördern gezielt Politiker mit Migrationshintergrund, weil sie auf die Stimmen aus deren Communitys hoffen. Die SPD hat monatelang darüber diskutiert, ob sie eine Migrantenquote einführen soll; schließlich beförderte sie eine Deutschtürkin auch ohne Quote in den Vorstand. Und als im Jahr 2008 in Berlin 500 Unternehmen nach ihrer Personalpolitik befragt wurden, gaben 20 Prozent von ihnen an, Mitarbeiter ausdrücklich wegen ihres Migrationshintergrundes eingestellt zu haben.

Doch noch immer sind es vor allem die großen Konzerne, die umdenken, weil sie ahnen, wie viel Geld ihnen sonst entgeht: McDonald's wirbt mit einem Ausbildungsprogramm, das Jugendliche zeigt, deren Eltern offenbar nicht Deutsche sind; IKEA feiert muslimische Feiertage und sieht in seiner Arbeitsuniform ein Kopftuch für Musliminnen vor. Bei der BBC spiegeln die Namen, Herkünfte und Hautfarben die britische Gesellschaft wider, CNN sieht aus wie der Albtraum eines jeden Integrationsgegners, und während der arabischen Revolution dürften die Redaktionen bei New York Times, CNN und BBC aufgeatmet haben, dass sich in ihren Reihen Reporter mit Arabischkenntnissen und einem syrischen, libanesischen oder ägyptischen Pass fanden.

Es ist ein seltsames Gefühl, wenn sich der Migrationshintergrund auf einmal vom Makel zum Merkmal wandelt. Wenn sich andere auf einmal für unsere Biographien und Familiengeschichten interessieren, wenn sie uns deshalb fördern oder einstellen wollen. Es hängt von uns ab, was wir daraus machen. Sicher ist es kein Zufall, dass die meisten Politiker mit Migrationshintergrund Experten für Integration sind: Ihre Herkunft ist zu einer ungewöhnlichen Qualifikation geworden, die sie nutzen wollen. Für manche fühlt sich das sehr befreiend an. Wie eine große Chance. Sie verstehen sich als Vermittler zwischen zwei Kulturen, sie wollen den Deutschen ihre besondere Sicht aufzeigen. Andere wehren sich. Verbirgt sich dahinter Förderung, ohne die es nicht ginge – oder doch nur positive Diskriminierung? Bedeutet das nicht, auf einmal wegen der eigenen Herkunft besser behandelt zu werden, so wie man vorher deswegen schlechter behandelt wurde? Sie fürchten, sich selbst auf ihre Herkunft zu reduzieren, wenn sie die eigene Bio-

graphie als Türöffner einsetzen. Sich in Schubladen wiederzu-
finden, in die sie nie hineingeraten wollten.

Manchmal werden wir gefragt, wie wir zu der ZEIT gekommen sind. Wir entsprechen nicht dem Bild, das man von einem
elitären Ort wie diesem hat, wir wirken nicht wie Redakteurinnen, die dort arbeiten. Wir sind nicht wegen irgendeiner Quote
dort, doch wir verkörpern, wie sehr sich Deutschland wandelt
und wie es sich im Herzen seiner Gesellschaft immer weiter
öffnet für die, die anders sind. Obwohl wir noch wenige sind,
stehen wir bereits für ziemlich viel. Trotzdem, vielleicht auch
gerade deswegen lassen uns die Zweifel nie los: Schaffe ich das?
Habe ich das Recht, das zu machen, jenes zu fordern? Muss ich
mehr leisten? Gehöre ich wirklich dazu?

Vom Scheißgefühl, eine Hochstaplerin zu sein

Wenn ich morgens zur Arbeit komme, zu einer Zeit, in der
die meisten Büros noch unbesetzt sind, treffe ich auf die
Reinigungsfrauen. Unter ihnen ist keine einzige Deutsche.
Ich frage mich, warum, und sage mir: Die ausländischen
Frauen putzen bestimmt besser. Sie tragen keine Hand-
schuhe, wenn sie ins Seifenwasser greifen. Sie sind so wie
meine türkischen Eltern, denke ich, vielleicht gehen ihre Kinder auch aufs Gymnasium. Wahrscheinlich aber nicht. Wo die
herkommen, komme ich auch her, fällt mir dann wieder ein.
Was unterscheidet mich von ihnen? Ich habe die Chance bekommen, eine gute Ausbildung zu machen und mich zu beweisen. Ich habe meinen Teil der Abmachung eingehalten
und die Chance ergriffen.

Trotzdem würde ich ihnen am liebsten den Eimer hinterhertragen. Ich schäme mich dafür, dass ich an einem Tisch sitze, den sie geputzt haben. Dass Frauen wie meine Mutter meinen Mülleimer leeren. In solchen Momenten frage ich mich: Was machst gerade du hier? Es muss ein Irrtum sein. Du bist eine Hochstaplerin. Und irgendwann werden auch sie es merken. Sie, die Deutschen.

Es kommt mir meistens gar nicht in den Sinn, dass auch meine deutschen Kollegen sich solche Fragen stellen. Dass es auch unter ihnen einige gibt, die Ängste und Zweifel haben. Stattdessen fühlt es sich manchmal für Bruchteile von Sekunden so an, als hätte mich eine Freundin auf eine Party geschleppt, auf die ich eigentlich nicht eingeladen war.

Ich hätte mich niemals als Redakteurin bei der ZEIT beworben, nicht einmal als Praktikantin. Das wäre mir gar nicht in den Sinn gekommen. Es erschien mir immer als außerhalb meiner Reichweite. Vielleicht gar nicht, weil ich dachte, ich sei nicht gut und nicht fleißig genug, sondern eher aus einer Art Standesdenken heraus: Die ZEIT erschien mir immer als einer der etabliertesten Orte des Landes. Hier war Deutschland besonders deutsch. Da sitzen nicht Leute wie du, dachte ich, Kinder von Ausländer-Eltern, von Türken-Malochern. Da können sie noch so hart arbeiten. Ich war nicht die, die mit der ZEIT aufgewachsen ist (das ist häufig das Erste, was Praktikanten erzählen, wenn sie in die Redaktion kommen: «Ich bin praktisch mit der Zeitung aufgewachsen!»), nicht die, die schon während der Schulzeit zum Austauschjahr nach Amerika gegangen ist. Ich kam mir vor wie die Bildungsunbürgerliche unter Bildungsbürgern. Ich dachte: Ich bin anders als die.

Während der Studienzeit gab es viele Türken, Araber, Muslime, die wie ich Islamwissenschaft studierten. Die meisten von ihnen waren Kinder von Arbeitern oder Kinder von Studierten, die in Deutschland zu Taxifahrern wurden. In den Seminaren waren die dunkelhaarigen oft in der Mehrzahl; da war das Fremde normal. Und die blonden waren gekommen, um das Fremde zu studieren. Aber es waren nicht viele – vor dem 11. September 2001 hatte man den Islam zumindest in Deutschland vergessen. Im Studium war das Fremdsein, das Anderssein sogar so normal, dass ich nicht mehr daran dachte, die Welt da draußen könnte anders sein.

Dann kam ich an eine Journalistenschule und in die deutschen Zeitungsredaktionen. Keine dunkelhaarigen Menschen mehr. Besonders interessant und wichtig waren in der Journalistenschule Kommilitonen, die ein «von» im Namen trugen oder auf eine lange Familiengeschichte zurückblicken konnten; deren Familien etwas Wichtiges darstellten. Wir bekamen in der Klasse schnell mit, wessen Vater mal hoher Beamter in einem Ministerium gewesen war, wer einen Diplomatenpass hatte oder wessen Onkel Manager in einem Unternehmen war. Der Direktor betonte gern, in was für einem erlesenen Kreis wir alle uns nun befänden. Dass wir durch die Aufnahme auf diese Schule zur Elite des Landes gehörten. Gemeint waren damit aber nur die Schulkollegen, die für ein Volontariat bei der «roten» oder der «blauen» Gruppe zugeteilt worden waren – so kam es mir zumindest vor. Bei der Bild oder der Welt also, den beiden begehrtesten Medien. Die meisten, die sich hier bewarben, wollten zu einer dieser beiden Zeitungen. Ich nicht. Ich rechnete mir gute Chancen beim Hamburger Abendblatt aus.

In meinem Journalistenjahrgang war ich die einzige Deutschtürkin. Die erste überhaupt bis zu diesem Zeitpunkt, wie mir die Schulleiter mitteilten. Sie stellten mir aber keine Fragen zu meiner Herkunft. Ich glaube, sie fanden das auf eine Art interessant oder: exotisch, wussten aber nicht recht etwas damit anzufangen. Die einzige Mitschülerin, mit der ich mich anfreundete, war eine schüchterne Ostdeutsche, blonde Haare, blaue Augen. Sie kam aus ähnlichen Verhältnissen wie ich. Der Vater arbeitete auf dem Bau, die Mutter war Hausfrau. Sie bewarb sich für ein Volontariat bei einer Frauenzeitschrift.

Die Chefs beim Hamburger Abendblatt konnte ich nicht von mir überzeugen, in der letzten Bewerbungsrunde, dem persönlichen Gespräch, war Schluss, aber «bei der Hörzu, Frau Topçu, da hätten wir Verwendung für Sie. Diese Chance sollten Sie ergreifen!»

Die Ostdeutsche und ich gehörten also weder zur roten noch zur blauen Gruppe. Wir waren nicht so richtig Elite; wir freuten uns, dass wir überhaupt mitspielen durften. Gleichzeitig ärgerte es mich auch. Ich sah ein, dass ich klein anfangen musste, viele der anderen hatten mehr Erfahrung und bessere Praktika in ihren Lebensläufen stehen. Aber die hier wollten, dass ich ganz weit unten anfange. Nun gut, dachte ich. Wir werden sehen.

Nach dem Ende der Ausbildung sprach ich wieder beim Hamburger Abendblatt vor. Dieses Mal wegen einer Stelle. Dieses Mal, dachte ich, wird es klappen. Schließlich hatte ich nun zwei Ausbildungen: Studium und Volontariat bei einem großen Verlag. Ich wollte unbedingt zu dieser Zeitung. Die Abweisung hatte mich nur darin bestärkt, es wieder zu probieren.

Da stand ich nun vor dem Chef des Lokalressorts, einem Mann Ende 50, mit ausgebeulten Hosen und Raucherstimme. Er lächelte mich gutmütig an. In Hamburg, sagte ich, leben 60 000 Türken, die in Ihrer Zeitung nicht vorkommen. Der Migrantenanteil, fuhr ich fort, steigt weiter, eine gute Lokalzeitung braucht doch heute jemanden, der sich um das Thema Integration und Identität kümmert. Besonders in einer Stadt wie Hamburg, die sich Tor zur Welt nennt. Ich hatte mich gut vorbereitet.

Er schaute mich an und sagte: «Ich will hier keine Quotentürkin.» Was er brauche, sei eine Lokalreporterin. Ob ich das könne. Wenn ja, hätte er Verwendung für mich. Studium, Ausbildung – das interessierte ihn nicht.

Ich nahm es ihm übel. Die Quotentürkin, das Desinteresse. Sein Lächeln kam mir nun arrogant vor. Ich verstand, er hatte nichts gegen Türken – es war nur so, und das sollte ich bald merken: Wenn es nicht gerade um Messerstechereien oder Familiendramen ging, interessierten Türken ihn einfach nicht so sehr. Dennoch wäre ich nie auf die Idee gekommen, sein Angebot abzulehnen.

Von nun an war ich Lokalreporterin und berichtete oft davon, wie Türken andere Türken oder Deutsche abstachen. Und wieder eröffnete sich eine Chance: Mit einer Kollegin zusammen erhielt ich den Auftrag, ein Jahr lang vier Hauptschüler in der letzten Schulklasse zu begleiten; vier Migrantenkinder auf ihrer Suche nach einer Ausbildungsstelle. Von der einzigen Migrantin in der Redaktion versprach man sich «einen besonderen Zugang» zu den Jugendlichen. Aber nur unter der Bedingung, dass die Messerstechergeschichten nicht vernachlässigt wurden.

Ich besuchte die Schüler häufig, nahm an ihrem Unterricht teil. Drei der Schüler, die wir begleiten wollten, waren erst seit drei oder vier Jahren in Deutschland. Sie sprachen oft davon, wie unwohl sie sich hier fühlten. Wie sehr sie die Schule hassten, die Unfreundlichkeit der Menschen, die Respektlosigkeit von Jugendlichen gegenüber Älteren. Sie wollten nicht hier sein, also gaben sie sich auch keine große Mühe. Von ihrer Zukunft in Deutschland erwarteten sie nichts. In ihren Traumberufen – Stewardess, Apothekerin, Feuerwehrmann – hatten sie keine Chancen. Sie sprachen zu schlecht Deutsch. Nie werde ich vergessen, wie einer von ihnen, ein Pole, sagte: «Ich habe fast nur Ausländer als Freunde. Die sprechen auch schlecht Deutsch – und lachen mich nicht aus, wenn ich Fehler mache. Die Deutschen lachen immer.»

Am Ende gewann diese Geschichte einen wichtigen Preis und brachte mich zur ZEIT.

In einem unserer ersten Gespräche sagte mein Chef, ich würde die erste türkischstämmige Redakteurin werden, im Herzen der Zeitung, in der Politikredaktion, und dass dies eine gewisse Bedeutung hätte. Ich verstand nicht so genau, was er meinte, gab es aber nicht zu. War das jetzt gut? Warum spielte das eine Rolle? Er sprach von Qualifikation und Identität, von Einwanderungsgesellschaft. Das, wofür sich vorher nie jemand interessiert hatte, sollte jetzt ein Wettbewerbsvorteil sein? Wir vereinbarten, dass ich mich um das Thema Integration und Identitäten kümmerte. Meinen Blick mit einbrachte. Plötzlich war der wichtig! Ein Blick, der sich unterschied von dem der anderen Kollegen am Konferenztisch, weil er das Fremde mitdenken konnte. Diese Perspektive hatte auf einmal Platz an einem der deutschesten Orte der Republik.

Das Arbeiterkind sitzt nun freitags in der politischen Konferenz Helmut Schmidt und anderen wichtigen Männern gegenüber, vielleicht, weil es hartnäckig blieb, aber ganz sicher, weil es Unterstützer hatte. Das klingt alles nach einer wunderbaren Erfolgsstory. Und – bin ich jetzt für alle sichtbar angekommen?

Nach jedem gedruckten Artikel spüre ich das Misstrauen, die Abwehr gegen mich als Autorin. Es ist anders als bei deutschen Kollegen. Diese Autorin, wer ist sie eigentlich? Doch keine Deutsche. Türkin? Muslimin gar? Kann man der trauen?

«Gehen Sie bitte nach Afghanistan und erzählen den Menschen dort etwas von dem Sanftmut und der Nächstenliebe des Koran. Diese Aufgabe wäre wichtiger, als Artikel in der ZEIT zu schreiben (…) Solange die Muslime der ganzen Welt das nicht wissen, möchten wir Sie hier nicht haben.»

«Ich empfehle Ihrer Redaktion, dass man sich künftig vor Veröffentlichungen weiterer Artikel in der ZEIT besser um Sie kümmert. Ihr Artikel ist dem Niveau der ZEIT nicht angemessen.»

«Woher nehmen Sie sich das Recht, so über die Deutschen zu schreiben? Bleiben Sie doch bei sich und analysieren Sie die Problematik der türkischen Gruppe, die hier so viele Probleme macht. Jeden Tag sehe ich immer mehr Kopftücher, lange Mäntel und höre Türkisch in den Einkaufszentren (…) Eine Bereicherung oder ein Fremdsein im eigenen Land? Überlegen Sie mal.»

«Die Türken passen nicht zu einer zivilisierten Gesellschaft. Das ist alles, was es dazu zu sagen gibt.»

Es geht schon lange nicht mehr nur um Leistung. An

schlechten Tagen denke ich: Sie merken, dass du anders bist, und sie wollen das andere einfach nicht, da kannst du dich noch so anstrengen. An guten Tagen weiß ich: Hassbriefe sind nicht repräsentativ, nur ein Ventil für Wut, Ausdruck einer Unsicherheit. Aber dann gibt es diese Begegnungen mit Bekannten, mit Kollegen, die fragen: Musst du eigentlich über Integration schreiben, weil du Türkin bist? Und ich denke: Was wollen sie mir sagen? Dass ich Quotentürkin bin, die sich mit einem Quotenthema beschäftigt? Dass ich keinen eigenen Willen habe, zu sagen, was mich interessiert; dass andere das für mich übernehmen?

Eine Kollegin gab mir mal den gutgemeinten Rat, ich sollte doch unter meine Artikel schreiben, dass ich einen Magisterabschluss in Islamwissenschaft hätte. Ich sollte also zeigen, dass ich qualifiziert genug für die Stelle bin und nicht einfach nur deshalb ausgesucht wurde, weil ich Deutschtürkin bin. Ich sollte für alle sichtbar den Beweis erbringen, keine Schwindlerin zu sein.

Die Hassbriefe hefte ich fein säuberlich ab, es sind auch einige mit türkischen und arabischen Namen darunter, die mich als Verräterin beschimpfen. Die Mails verschiebe ich in meinen Leserbriefordner im E-Mail-Programm. Am nächsten Morgen gehe ich wieder zur Arbeit, freue mich auf meine Kollegen, laufe durch die Redaktion und schaue auf das Schild neben meiner Bürotür: Özlem Topçu steht darauf. Nichts anderes.

Unsere Erfolge haben uns beruhigt, sie fühlten sich wie eine Bestätigung an, dass etwas wohl richtig läuft in unseren Leben. Aber wir spüren: Sie sind kein Beweis dafür, dass wir angekommen sind. Es wird nie den Punkt geben, an dem wir auf einmal genauso werden wie Deutsche. Erst allmählich begreifen wir, dass wir in unserem Leistungsdenken einen Fehler eingebaut haben: Herkunft ist kein Makel, den es zu entfernen gilt. Wir können sie nicht durch Leistung wettmachen, das geht gar nicht. Wir wollen es auch nicht mehr.

VII. Wir sind alle Muslime

Wenn Deutschland heute darüber streitet, wer dazugehört und wer nicht, geht es am Ende immer um Muslime. Sie sind heute das, was die Ruhrpolen im Deutschen Kaiserreich waren, die Vertriebenen nach dem Krieg oder die Gastarbeiter in den 60er Jahren. In gewisser Hinsicht sind die Muslime auch das, was die Ostdeutschen nach der Wende für manchen Westdeutschen waren. Sie sind die anderen.

Jede Zeit hat ihre anderen, ihre Fremden. Das Fremde ist eine Variable, ein Gefäß, das gefüllt wird mit allem, was man nicht sein will und gar nicht sein könnte. Was Eltern sich nicht für ihre Kinder wünschen. Wovor sie sich und ihre Familie schützen wollen. Von dem Fremden will man sich abgrenzen, um sich seiner eigenen Identität sicher zu sein.

Am türkischen Gastarbeiter hat der Autor Zafer Şenocak in seinem Buch «Deutschsein. Eine Aufklärungsschrift» die begriffliche Evolution des Fremden demonstriert: «Aus ihm wurde zuerst ein Ausländer, aus dem Ausländer dann der Einwanderer, aus dem Einwanderer ein Mensch mit ‹Migrationshintergrund›, eine lange Reise, bei dem der Mensch noch nicht beim Menschen angekommen ist.» Şenocak hätte dieser Aufzählung noch hinzufügen können: Aus dem Menschen mit Migrationshintergrund ist der Muslim geworden. Er ist der fremdeste Fremde und der Islam die Chiffre dafür. Oder wie die Serienfigur Stromberg, das Gesicht der verunsicherten und gehässigen Mittelschicht, bemerkte: «Die Mohammedaner sind die neuen Homosexuellen!»

Wenn Muslime der Eroberung Europas verdächtigt werden, als stünden die Türken erneut vor Wien, erinnern wir uns zu gut, wie es war, als die Polen, die Vietnamesen, die Italiener oder Jugoslawen als Bedrohung empfunden wurden. Wir ahnen, dass es hier nicht um Kritik an einer Religion geht, sondern mit dem Fremden *überhaupt* abgerechnet wird, verkörpert durch den Muslim. Dass es auch um uns geht, die wir fremd sind oder waren. Dass wir alle Muslime sind. Wir waren damals Jugendliche, aber wir erinnern uns noch daran, wie Leute, die uns und unsere Familien nicht kannten, misstrauisch auf unsere Kultur, unsere Namen und unsere Herkunft schauten. Es schmerzte uns auch, wenn es nicht gegen uns direkt ging, sondern gegen andere Migranten. Wenn der deutsch-guineische Freund von Neonazis verfolgt oder die türkische Freundin ausgelacht wurde. Wir fühlen miteinander, weil wir die Erfahrung teilen, die anderen zu sein.

Einige versuchten dennoch, diesem Gefühl der Fremdheit zu entkommen, indem sie andere Migranten herabsetzten. Bekannte, die als Spätaussiedler zehn Jahre zuvor selbst noch Opfer eines katastrophalen Kollektivbildes gewesen waren, redeten plötzlich abfällig über die Türken. Oder die Araber. Endlich konnten sie die Seite wechseln, von Ausgegrenzten zu Ausgrenzenden. Sie wurden vom Objekt zum Subjekt. Ohne dass sie sich dessen bewusst waren, versuchten sie, sich auf Kosten anderer zu emanzipieren. Je deutscher sie aussahen, desto leichter fiel ihnen der Seitenwechsel. Die NPD hat bei einem Teil der Russlanddeutschen durchaus Erfolg – mit russischen Flugblättern.

Doch warum geht es jetzt gegen die Muslime? Woher kommt die Wut auf sie?

Sie sind etwa vier Millionen, die drittgrößte religiöse Gruppe in Deutschland nach Katholiken und Protestanten. Die Zahl klingt hoch, aber der Anteil der Muslime an der Bevölkerung ist mit etwa fünf Prozent gering. Etwa die Hälfte von ihnen hat die deutsche Staatsbürgerschaft. Und während die junge Generation als Deutsche geboren wurde, als deutsche Muslime, stammen ihre Eltern meistens aus der Türkei, 63 Prozent. Die anderen sind aus Südosteuropa, dem Nahen Osten und Nordafrika.

Für viele Menschen passen die Muslime nicht in ihr Bild von ihrem Deutschland. Nicht in ihre Heimat, ihre Stadt oder ihre Nachbarschaft, in der sie womöglich ihr ganzes Leben verbracht haben. Sie haben sich vielleicht an die Vietnamesen, Rumänen und Polen gewöhnt, aber die Veränderung durch die Muslime empfinden sie als Bedrohung. Plötzlich gibt es Moscheen mit Minaretten höher als Kirchtürme, und während die Kirchen immer leerer werden, sind die Moscheen zu klein für all die Gläubigen, die sich dort zum Gebet versammeln. In türkischen oder arabischen Geschäften wird die Ware nicht nur auf Deutsch angepriesen, sondern häufig ausschließlich auf Türkisch oder Arabisch. Die Gesten, die Sprache, die Lautstärke, in der die türkischen Männer sprechen oder die Frauen nach ihren Kindern rufen, befremden. Ganze Stadtviertel sehen anders aus und klingen anders. Schnell werden sie Klein-Istanbul genannt.

Nicht nur das Stadtbild verändert sich, sondern vor allem die Wahrnehmung – Muslime gelten als besonders problematisch und integrationsresistent. Sie stimmen ja auch, die Geschichten von den halbstarken Jungs, die von Ehre sprechen, ihre Lehrerinnen respektlos behandeln, nachmittags auf dem Rummel deutsche Jungs verprügeln oder deutschen Mädchen zwischen die Beine fassen. In Großstädten kommt fast jeder zweite jugendliche Gewalttäter aus einer türkischen oder arabischen Familie. Sie brechen die Schule etwa dreimal so oft ab wie Kinder aus deutschen Familien; Muslime sind doppelt so häufig arbeitslos wie Nichtmuslime. Sie sind auch seltener in Vereinen oder engagieren sich ehrenamtlich. Und wenn sie sich engagieren, dann lieber für die eigene Gruppe, in der Moschee. Nicht selten werden die Kinder lieber zum Koranunterricht als zur Nachhilfe geschickt.

Muslimische Probleme sind deutsche Probleme

In den meist hitzigen Integrationsdebatten werden für diese Probleme einfache, schnelle Lösungen gefordert: abschieben, Hartz IV oder Kindergeld kürzen, den Bau von Moscheen verhindern. Aber es gibt keine einfachen Lösungen – es gibt ja auch keine einfachen Erklärungen. Viele Familien kommen aus ländlichen Regionen der Türkei und nicht aus Großstädten, ihre Eltern und Großeltern waren meist Bauern oder einfache Arbeiter. Hier sind sie die schwächsten Mitglieder der Gesellschaft, weil es ihnen an Bildung, Ausbildung, aber auch an der Sprache und der Vertrautheit mit der deutschen Kultur fehlt.

Diese Probleme werden von vielen Deutschen als die einer

Gruppe empfunden, mit der sie nichts zu tun haben. Es sind die Probleme von Muslimen – nicht ihre. Weil viele Menschen Muslime nicht als Teil der Gemeinschaft sehen wollen oder können, werden deren Probleme, die eigentlich handfeste soziale sind, zu kulturellen gemacht. Wenn man die Probleme der Muslime als soziale anerkennen würde, müsste man akzeptieren, dass sie die gesamte Gesellschaft angehen. Stattdessen heißt es oft: Das sind keine Deutschen – also, was gehen die uns an? Aber das ist ein Denkfehler: Viele Muslime sind Deutsche, werden mittlerweile als Deutsche geboren, und ihre Probleme sind Probleme dieser Gesellschaft.

Aber die Schwierigkeiten auf die Kultur zu schieben, ist der einfachste Weg, Distanz zwischen «ihnen» und «uns» herzustellen. Sie und ihre Kultur abzuwehren – es ist die Abwehr der fremdesten Fremden der Gegenwart. Sie ist messbar und real. Laut einer Studie der Friedrich-Ebert-Stiftung sagt mehr als die Hälfte der Befragten: «Ich kann es gut verstehen, dass manchen Leuten Araber unangenehm sind.» Etwa genauso viele stimmen der Aussage zu: «Für Muslime in Deutschland sollte die Religionsausübung erheblich eingeschränkt werden.»

Hin und wieder bekommt diese Ablehnung ein Sprachrohr. Das letzte war Thilo Sarrazin mit seinem Buch «Deutschland schafft sich ab», die Beschreibung einer Apokalypse, hervorgerufen durch die hohe Geburtenrate bei Muslimen. Es waren keine Rechtsradikalen, die sich in Sarrazins Buch bestätigt gefühlt haben, sondern Ärzte, Lehrerinnen, Beamte. Jene, die besonders viel zu verlieren haben, kauften das Buch. Die Gesellschaft für Konsumforschung fand heraus, dass sich vor allem Besserverdiener und Aufsteiger von Sarrazins Thesen angesprochen fühlten. Menschen, denen Erfolg und Karriere sehr wichtig sind, die aber Risiken vermeiden. Risiken, ohne die eine Einwanderungsgesellschaft nicht auskommt und die niemand vermeiden kann. Es sind Menschen, die Angst davor haben, dass die Überschaubarkeit, die sie von früher kannten oder nach der sie sich sehnen, auf immer verloren ist.

Der Streit um den Islam ist die heftigste gesellschaftliche Kontroverse unserer Zeit. Ob es um den dänischen Karikaturenstreit, das Kopftuch oder Islamunterricht an deutschen Schulen geht: Dieser Streit nimmt Züge eines Kulturkampfes an, bei dem derjenige den Publikumspreis gewinnt, der die Muslime am stärksten herabsetzt. Wer politisch unkorrekt ist, spricht die Wahrheit. Wenn jemand differenzieren will, dann kann es ihm ergehen wie dem Soziologen Armin Nassehi, der bei einer Podiumsdiskussion mit Thilo Sarrazin vom Publikum des Münchner Literaturhauses niedergeschrien wurde, wenn er zum Reden ansetzte. Oder wie dem deutschiranischen Regisseur Ali Samani Ahadi in Berlin, der auf einem Podium betroffen sagte, dass er seit dem Erscheinen von Sarrazins Buch sein Deutschland nicht mehr wiedererkenne. Er solle froh sein, erwiderte ein Diskutant, in seinem Heimatland könne er nicht ungestraft öffentlich debattieren. Natürlich nicht. Deshalb haben seine Eltern Jahrzehnte zuvor das Land verlassen. Von seiner deutschen Heimat, einer demokratischen Republik, erwartet er zu Recht anderes.

Oft klingt die Islamkritik so, als sei sie eigentlich eine Forderung: dass die Muslime möglichst bald wieder weggehen aus Deutschland. Doch das werden sie nicht.

Im Namen der Religion

An dem Umgang mit Muslimen zeigt sich, wie die Gesellschaft Fremdheit gegenüber eingestellt ist, denn die Muslime sind die fremdesten Fremden der Gegenwart. Wie viel Anderssein ertragen wir, und wann kippt die Kritik am Fremden in gefährliche Polemik? Wann fängt eine liberale und aufgeklärte Gesellschaft an, ihre eigenen Prinzipien zu verraten?

Seit dem 11. September 2001 hat der Islam ein massives Imageproblem. Die Terroranschläge, begangen von fanatischen Muslimen, haben Platz im kollektiven Bewusstsein der Menschen gefunden. Sie haben ein kollektives Trauma hinterlassen, die Erinnerung an die Opfer bleibt präsent. Türken sind seitdem nicht mehr Türken, Araber nicht mehr Araber, sondern nur noch Muslime, und damit haben sie zumindest eine Sache mit den Terroristen gemein: ihre Religion. Sie wirkt hermetisch und radikal. Weltweit wurden ideologische Hassverbrechen von Muslimen begangen: Anschläge von vermeintlich Religiösen auf vermeintlich Ungläubige. Morde an vermeintlich minderwertigen Menschen von vermeintlich Überlegenen. Es gab nach dem islamistischen Terror in New York auch den in Madrid und London. Und es gab eben auch den schrecklichsten Anschlag der Nachkriegszeit in Norwegen, verübt von einem Mann, der sich als Held fühlte, weil er glaubte, die norwegische Gesellschaft vor dem Fremden schützen zu müssen, indem er das Fremde mit Bomben und einer halbautomatischen Waffe auszurotten versuchte.

Es scheint, als wäre der Islam seit 9/11 von einer Weltreligion zu einer Verdachtsreligion geworden. Die Muslime sind alle gleich – gleich schlecht.

Dieses Denkmuster wird auch von intellektuellen Wortführern der Islamkritik bestätigt – obwohl sie sich als Verteidiger liberaler Werte verstehen. Es sind Menschen wie eben Sarrazin, Sozialdemokrat, ehemaliger Finanzsenator und Bundesbankvorstand. Oder der jüdisch-italienisch-deutsche Schriftsteller Ralph Giordano, dessen Familie den Holocaust überlebt hat. Eine moralische Instanz, dessen Bücher Unterrichtsstoff in der Schule sind. In den vergangenen Jahren hat sich Giordano an die Spitze der Gegner von Moscheebauprojekten gestellt. «Nicht die Migration, der Islam ist das Problem», sagt er. So denkt auch Alice Schwarzer, eine Frau, die sich um die Emanzipation wie keine andere verdient gemacht hat, oder Autorinnen wie etwa Necla Kelek oder Seyran Ateş, die selbst Musliminnen sind und aus schmerzlichen, zum Teil sehr persönlichen Erfahrungen ihre Religion angreifen. Ihr Unbehagen gegen den Islam speist sich aus Gründen, die beinahe unangreifbar scheinen. Sie haben zu tun mit Freiheit, Menschenrechten und der Würde des Einzelnen.

Sie sagen nicht: «Ich bin gegen Frauen mit Kopftuch», sondern: «Das Kopftuch ist ein politisches Kampfsymbol, das Frauen überhaupt erst zum Sexobjekt macht.» Sie sagen nicht: «Muslime sind dümmer», sondern: «Bei Muslimen spielt Bildung keine Rolle.» Nicht: «Wir wollen den Islam hier bei uns nicht haben», sondern: «Der Islam gehört historisch nicht zu Europa.» Sie führen Werte ins Feld, denen Muslime angeblich feindlich gegenüberstehen. Sie werden zu ihrer Abwehr benutzt.

Ausgerechnet jene, die angeblich für eine offene Gesellschaft kämpfen, verschließen sie vor den Muslimen. Sie sprechen ihnen ab, dazuzugehören.

Die ungefilterte Islamophobie kann man im Internet auf

Seiten wie «Politically Incorrect», «Nürnberg 2.0», «Islam-nix-gut» oder «Reconquista Europa» nachlesen. Es geht ihnen um die Verteidigung der Werte, die von Muslimen angeblich in Gefahr gebracht werden. Krude Theorien mischen sich mit offenem Fremdenhass: Muslime werden verdächtigt, die Gesellschaft unterwandern zu wollen, einen Gottesstaat zu errichten und Deutschland demographisch zu besiegen – niedergebären zu wollen. Ihr Ton ist immer kämpferisch, immer frontal: Für sie ist der Islam eine Ideologie, keine Religion. Und er ist gefährlich. «Wir erleben heute in ganz Europa eine Zeit des geistigen Umbruchs und Niedergangs, in der (…) christlich-abendländische Grundwerte rapide verfallen. In dieses geistige Vakuum drängt der neu erwachte Islam mit anderen Wertvorstellungen, einem anderen Gottesbild und Seinsverständnis mit aller Macht hinein. (…) Für alle gläubigen Muslime (…) ist es heilige Pflicht, sich für die Durchsetzung von Allahs Wille (…) zu mühen, bis ‹Friede auf Erden› herrscht, und das heißt, alle Menschen unter dem Gesetz Allahs leben», schreibt ein User auf Politically Incorrect.

Nach dieser Logik sind der Westen, Europa, Deutschland nicht in der Lage, sich gegen diese schleichende Übernahme zu wehren. Angeblich *wollen* Politiker und Medien sich nicht wehren, weil sie politisch korrekt sind und die Sorgen der breiten Schicht nicht ernst nehmen. Angeblich verdrängen die «da oben», dass die Integration gescheitert und die multikulturelle Gesellschaft eine Illusion ist. Solche Argumente sind radikal, manchmal offen rassistisch, und die Mehrheit der Deutschen kann nichts mit ihnen anfangen. Aber die Sprache, die Art und Weise, wie man sich über Migranten, über Einwanderung, über Muslime verständigt, die herabsetzenden, stets negativen Bezeichnungen, der Blick auf das Scheitern, nicht auf das Gelingen, bleiben nicht ohne Wirkung. Sie setzen sich fest. Die Angst vor den Muslimen erfasst weite Teile der Gesellschaft. Und sie sitzt tief.

Wir stellen uns vor, wie eine Gesellschaft aussähe, in der die Angst Realität würde und die Muslime verdrängen könnte: Es wäre eine Gesellschaft, die ihre liberalen Prinzipien verrät; die sich denen verschließt, die anders sind. In einer solch hermetischen Gesellschaft hätten nicht nur Muslime keinen Platz – alle, deren Herkünfte nicht eindeutig sind, würden nicht dazugehören. Die Angst vor den Muslimen ist im Kern eine Angst vor allem Fremden und jeder Veränderung. Es ist eine Angst, die uns alle meint.

Plötzlich Muslime

Die deutschen Türken, Iraner, Libanesen, Iraker tun sich schwer damit, auf einmal nur noch als Muslime wahrgenommen zu werden. Es gibt nur noch *die* Muslime und *den* Islam, eine abstrakte, homogene Gruppe, ein Block, der das Gleiche will, denkt und fühlt. Ausnahmslos alle Muslime leben ihren Glauben auf die gleiche Art und Weise aus, sie sind wie die Borg aus dem Star-Trek-Universum: ein Stamm außerirdischer Wesen, halb Mensch, halb Computer, ohne jegliche Empfindungen. Sie leben in einer Art totalitären Gemeinschaft und assimilieren jeden, um ihn zum Borg zu machen. Sie missionieren. Bei den Borg bedeutet Assimilation nicht das Aufgehen in einer fremden Kultur, sondern das Aufgehen in der eigenen Gruppe, die Befreiung vom Individuellen zugunsten des Kollektivs. Und das Kollektiv bleibt unter sich.

Und so können die Fremden zwar aufhören, auf dem Papier Tunesier, Iraker, Türken oder Libanesen zu sein. Aber sie können nicht aufhören, Muslime zu sein. Und als Muslim hat man keinen Rückgriff auf das Erbe der europäischen Aufklärung, hat keinen selbstverständlichen Platz.

Je mehr das Muslimsein von außen als das wichtigste Charakteristikum überbetont wird, desto mehr «muslimifizieren» Muslime sich selbst, wie die Autorin Hilal Sezgin an sich selbst bemerkt: Während die Nation über die Thesen von Sarrazin debattierte, stellte sie an sich fest, dass sie nicht nur eine Frau, Autorin, Tierfreundin, ein politischer Mensch und Vegetarierin ist, sondern, huch, auch Muslimin. Und plötzlich war da diese Entfremdung spürbar, das Gefühl, als die andere wahrgenommen zu werden und durch diesen einen unüberwindbaren Unterschied immer die andere zu bleiben. «‹Als Frau wird man nicht geboren, zur Frau wird man gemacht›, schrieb einst Simone de Beauvoir als Credo des Feminismus. Laut herkömmlicher islamischer Auffassung wird jeder Mensch als Muslim geboren. Meine Erfahrung ist allerdings anders: Auch zum Muslim wird man gemacht. Egal, ob man will, egal, was man gelernt hat», schreibt Sezgin.

Auch der türkische Gemüsehändler um die Ecke oder die verschleierte Auszubildende im Friseurladen in Berlin-Neukölln haben eine vielschichtigere Persönlichkeit, als ihnen der vorherrschende Diskurs zugesteht. Er wäre vielleicht gern Schauspieler geworden, seine Eltern aber haben erwartet, dass er den Familienbetrieb übernimmt; sie ist vielleicht Lesbe und weiß nicht, wie sie damit umgehen soll. Auch sie wachen morgens auf und denken nicht gleich daran, dass sie Muslime sind.

Viele deutsche Muslime fühlen sich auf ihre Religion und damit auf ihre Fremdheit reduziert. Und das zwingt sie in eine ständige Verteidigungshaltung. Als Muslime müssen sie heutzutage Experten ihres Glaubens sein, den Koran auswendig können und sich in einer Tour von terroristischer Gewalt distanzieren. Integrationsskeptiker erwarten, dass sie den Lebenswandel einiger ihrer Glaubensgenossen erklären, die Probleme machen, die keinen Job finden, von Hartz IV leben oder ihre Töchter zwangsverheiraten. Die Vorurteile werden zur Identitätsschablone für vier Millionen Menschen in Deutschland.

Wo verorten sich in diesem Kampf der Kulturen die deutschen Muslime, die liberal und aufgeschlossen sind? Die Generation der jüngeren vor allem, die als Deutsche geboren wurden? Die neuen Deutschen, von denen einige an Gott glauben und andere nicht, die einen nach religiösen Regeln leben, die anderen sich nicht darum scheren?

Nach zehn Jahren Islam- und Integrationsdebatte seit den Anschlägen von 9/11 ist Deutschland vielen Muslimen der jüngeren Generation fremd geworden, fremder als ihren Eltern. Die Erfolgreichen sind selbstbewusst genug, um sich gegen die Kollektivanklage und den Generalverdacht zur Wehr zu setzen. Andere spüren, dass sie in Deutschland nicht gewollt werden, also gehen sie, aus Enttäuschung und gekränktem Stolz. Einige zehntausend sollen in den vergangenen Jahren in die Heimat ihrer Eltern gegangen sein, um ihr Glück dort zu finden. Gut ausgebildete Akademiker mit Türkisch- und Deutschkenntnissen werden in Istanbul gern beschäftigt. Besonders von deutschen Firmen. Kann Deutschland es sich wirklich leisten, ausgerechnet die Liberalen, Zielstrebigen und Gutausgebildeten zu verlieren?

Manche erdrückt auch die ständige Überbetonung der Religion. Mal sind es die Eltern, die darauf pochen: «Kind, vergiss deine Wurzeln nicht!» Dann wieder die Mehrheitsgesellschaft: «Eure Religion ist rückständig!» Dabei schätzen sie Deutschland und die Deutschen. Sie vertrauen der Demokratie, der Justiz und der Polizei, wie in Umfragen hinreichend belegt wurde. Sie sind froh, dass die Eltern irgendwann ihr Land verlassen haben, wo Korruption und Willkür herrschten und vermutlich noch immer herrschen. Wenn da nicht immer dieses Gefühl wäre, unerwünscht zu sein. Immer erst sein Deutschsein beweisen zu müssen, um wirklich, jetzt wirklich endlich dazuzugehören.

Dieses «Ihr-seid-doch-so»-Muster macht es den deutschen Muslimen schwer, sich für europäische Ideen zu begeistern. Sie finden es verlogen, dass von individueller Freiheit gesprochen, aber Muslimen unterstellt wird, dass sie in religiösen Dingen nichts aus freiem Willen tun oder unterlassen könnten. Dass vom Selbstbestimmungsrecht der Frau gesprochen, aber bei jeder einzelnen Muslimin davon ausgegangen wird, dass sie sich für das Tuch auf ihrem Kopf nicht freiwillig entschieden haben kann. Warum eine Muslimin ihr Haar verhüllt, die Gründe dafür können sehr vielfältig sein. Es kann sein, dass ihre Familie es von ihr erwartet. Es kann aber auch sein, dass sie mit dem Kopftuch gegen ihre Familie rebelliert. Möglich, dass der Vater sie dazu zwingt; die meisten Frauen aber sagen, dass sie das Tuch tragen, weil die Frauen in ihrer Familie es eben auch tun. Vielleicht treibt sie auch Stolz an, und sie trägt das

Stück Stoff, um sich trotzig abzugrenzen von einer Gesellschaft, die ihr permanent das Gefühl gibt, sie sei unterdrückt.

An einem sonnigen Tag Ende März 2012 hat ein älterer Herr von der Sehnsucht nach Zugehörigkeit und Zusammenhalt gesprochen. Es klang nicht wie ein vages Versprechen, sondern wie eine konkrete Forderung. Der Mann war nicht in irgendeiner Talkshow im Fernsehen, er gab kein Zeitungsinterview, er verfasste auch keinen Blog. Er sprach im Bundestag.

«Unsere Verfassung spricht allen Menschen dieselbe Würde zu, ungeachtet dessen, woher sie kommen, woran sie glauben und welche Sprache sie sprechen. Sie tut dies nicht als Belohnung für gelungene Integration, sie versagt dies aber auch nicht als Sanktion für verweigerte Integration. Unsere Verfassung wie unser Menschsein tragen uns auf, im Anderen geschwisterlich uns selbst zu sehen: begabt und berechtigt zur Teilhabe wie wir.»

Es waren Sätze aus der Rede des neuen Bundespräsidenten Joachim Gauck. Er sprach sie am Tag seiner Vereidigung.

VIII. Neue Deutsche braucht das Land

Wir waren uns nicht sicher, ob wir dieses Buch schreiben sollen. Erst waren wir begeistert, dann überlegten wir lange hin und her, schoben es auf. Wenn andere uns nach dem Buch fragten, fanden wir für unser Vorhaben nur vage Worte. Wir taten uns schwer damit, zu beschreiben, was wir wollen, wo wir stehen, wer wir sind. Manchmal sagten wir, es sei ein Buch über Deutschland, manchmal sagten wir, es sei ein Buch über uns. Nur eines sagten wir nicht: «Wir schreiben über Integration.» Wir konnten nur schwer zugeben, dass wir dieses Buch als Kinder von Migranten schreiben. Als Einwanderer der zweiten Generation, die mit diesem Land hadern.

Wir sind in Deutschland mit dem Wunsch aufgewachsen, dazuzugehören. Wir haben hart gearbeitet, um in dieser Gesellschaft etwas zu erreichen. Heute diskutieren wir mit Politikern über die Europäische Union, treffen Künstler in Warschau, Berlin oder London; wir schreiben unsere Beobachtungen in einer Zeitung nieder, die von Millionen gelesen wird. Wir arbeiten, wohnen und reisen genauso wie andere Deutsche. Warum sollten wir all das herauskehren, was uns anders macht? Warum sollten wir uns selbst zu Migranten machen?

Ein Gefühl war der Auslöser für dieses Buch, und dieses Gefühl war Wut. Darüber, in einer Gesellschaft zu leben, in deren Selbstverständnis wir nicht vorkommen. Darüber, Teil einer Veränderung zu sein, die von den meisten lieber verdrängt wird. Und darüber, nicht zu wissen, ob wir dieses Land «unser Deutschland» oder «euer Deutschland» nennen sollen. Wir waren überrascht, wie sehr wir drei ein Lebensgefühl teilten, obwohl wir aus unterschiedlichen Familien und unterschiedlichen Kulturen kommen. Wir sprachen über Themen, die uns gleichermaßen beschäftigten, über unsere gemischten Identitäten, unsere Gefühle von Heimatlosigkeit und Entfremdung. Plötzlich sprachen wir von «den Deutschen» hier und «den Deutschen» da. Plötzlich teilten wir das Land. Wir machten denselben Fehler wie die, die wir kritisieren: Wir dachten in *wir* und *ihr*. Die Migranten, die neuen Deutschen, das sind wir. Und die Deutschen, das seid ihr. Wir vertieften den Graben, den wir überwinden wollen. Auf der Suche nach unserem Selbstverständnis fingen wir an, den fremden Teil in uns zu betonen. Warum?

So widersprüchlich es klingt: Es scheint uns der einzige Weg zu sein, diesen Graben zu überwinden.

Mit diesem Buch wollen wir unseren Blick einbringen, denn wir sehen dieses Land mit anderen Augen: Seine subtilen, manchmal unsichtbaren Mechanismen von Ausgrenzung und Akzeptanz erkennen wir deutlicher als andere. Seine Abwehr gegen das Neue und Fremde spüren wir am eigenen Leib. Die Ablehnung wurzelt selten in Rassismus, eher ist sie eine Form der Verdrängung. Dass hier jeder Fünfte ein Einwanderer ist oder ein Kind von Einwanderern, ist vielen Deutschen nicht bewusst. Ihr Bild von diesem Land ist genauso veraltet wie ihr

Bild von den Migranten, die in der schlichtesten Vorstellung bedürftig, belastend und bedrohlich sind.

Warum aber kann Deutschland keinen Stolz darauf empfinden, dass es Einwanderer anzieht? Und warum ist es nicht selbstbewusst genug, sie als Bereicherung zu empfinden?

In Einwanderungsländern wie Großbritannien und Frankreich gibt es ethnische und soziale Spannungen, die sich manchmal heftig entladen, und trotzdem trifft man Algerier, Marokkaner und Pakistaner, die selbstverständlich von sich sagen, sie seien Franzosen oder Briten. Im französischen Kabinett sitzen Minister koreanischer, algerischer, spanischer und guadeloupischer Herkunft. Über Großbritannien sagt ein englischer Diplomat: «Wer weiß schon, wie ein Brite aussieht?» Und in den USA ist jeder Mensch ein Amerikaner, der die amerikanische Staatsangehörigkeit besitzt, egal, wie schwer sein Akzent klingt, egal, welche Religion oder Hautfarbe er hat.

Für Amerika wurde die Ankunft der Pilgrim Fathers, der Aufbruch in das Neue, zum Gründungsmythos. Auch wenn der amerikanische Traum rissig geworden ist, er lockt noch immer: den mexikanischen Arbeiter, die koreanische Nanny, den schwarzen Stipendiaten. Gleichzeitig leidet Amerika unter dem Fundamentalismus von christlichen Evangelikalen, der Gewalt lateinamerikanischer Gangs und der Drogenkriminalität in den Ghettos. Aber es begreift diese Probleme als amerikanische Probleme. Es zerfasert in Hunderte Little Italys und Chinatowns, aber es begreift sie als amerikanische Communitys. Und die Italiener und Chinesen, die dort leben, begreifen sich als Amerikaner. Die Gesellschaft hat nie vergessen, dass es sie ohne Einwanderung nicht geben würde. Orte wie Ellis

Island, das zum Museum der Einwanderung wurde, erinnern daran. Und im Battery Park ehrt ein Denkmal die Immigranten.

In Deutschland gibt es keinen Ort, der die Einwanderung ehrt, dafür aber das Haus der Auswanderung, groß und preisgekrönt. Der deutsche Gründungsmythos ist noch recht jung: Er beginnt mit dem 8. Mai 1945. Der Anfang der Bundesrepublik steht für das Ende des Zweiten Weltkrieges, die Rückkehr in die Zivilisation nach dem Holocaust, für Frauen, die Ziegel um Ziegel zerbombte Städte wieder zusammenfügten. Für Nachkriegsgenerationen, die ein demokratisches System aufzubauen hatten, für den kompensatorischen Fleiß der Schuldiggewordenen, der zum Wirtschaftswunder führte. Für eine Sehnsucht nach Stabilität und Ordnung. Aber die deutsche Selbsterneuerung wurde von zerrissenen Gefühlen begleitet. Das Neue schöpfte sich nicht aus einem Gefühl des Aufbruchs, sondern aus der Übereinkunft, dass sich die Vergangenheit niemals wiederholen dürfe. Man misstraute sich selbst – und versäumte es, eine entscheidende Frage zu stellen: Was für eine Gesellschaft wollen wir sein?

Seit den 60er Jahren kommen Einwanderer nach Deutschland. Vor allem als Arbeiter, die man brauchte, aber nach ein paar Jahren auch wieder nach Hause schicken wollte. Dass sie bleiben und Familien gründen würden, hatte niemand vorhergesehen. Als die Wirtschaft in den 70er Jahren stagnierte, die Rezession einsetzte und die Energiekrise ausbrach, hieß es, die Einwanderer würden den Deutschen die Jobs wegnehmen. Heute heißt es, sie nutzen das Sozialsystem aus und bedrohen die christlichen Werte. Als der CSU-Chef Horst Seehofer 2010 erklärte, Deutschland sei kein Einwanderungsland, lebten hier bereits 16 Millionen Menschen mit einem sogenannten Migrationshintergrund. Seehofer leugnete, was seit einem halben Jahrhundert Realität ist: dass nicht nur Deutsche, sondern auch Türken, Griechen, Italiener dieses Land aufgebaut haben und dass Deutschland sehr viele Gründe hat, stolz auf sich selbst und auf seine Einwanderer zu sein. Doch mehr als ein Drittel der Deutschen findet, dass Deutschland «in einem gefährlichen Maß überfremdet ist», so eine Untersuchung der Friedrich-Ebert-Stiftung von 2010. Die Hälfte der Befragten sagte, dass es zu viel Einwanderung gebe.

Wir wollen keine Fremden sein

«Überfremdet» ist ein aggressives Wort. Es klingt nach gewaltsamer Übernahme, nach Überfall, es klingt nach Bedrohung. Sobald wir es hören, fühlen wir uns angesprochen. Und sind irritiert: Bedrohen wir denn irgendwen? Nehmen wir irgendjemandem etwas weg? Wir führen doch nur unsere ganz normalen Leben! Dass jemand wie Horst Seehofer auch unser Politiker ist, dass diese Gesellschaft auch unsere ist, daran müssen wir uns erst erinnern. Und auch daran, dass wir das Recht haben, mit demselben Respekt behandelt zu werden wie andere Deutsche.

Deutschland geht zwiespältig mit seinen Migranten um. Selbst Integrationsskeptiker wissen, dass dieses Land auf sie angewiesen ist: Die Deutschen bekommen seit Jahren zu wenige Kinder, und die Bevölkerung ist im Durchschnitt zu alt, um das Sozialsystem auf Dauer finanzieren zu können. Die Fachkräfte gehen ihnen aus: Laut dem Forschungsinstitut Prognos werden im Jahr 2015 drei Millionen Arbeitskräfte fehlen. Die Deutschen wissen, dass es in dieser Zeit der Globalisierung Zuwanderer mit Sprachkenntnissen, Verbindungen in andere Länder und mit Auslandserfahrung braucht. Wer hochqualifiziert ist, wird willkommen geheißen; diese Einwanderer will man anwerben. Aber was ist mit denen, die schon hier leben? Die mal gut, mal schlecht ausgebildet sind?

Einerseits heißt es, sie würden sich nicht genug integrieren. Andererseits wird es ihnen schwergemacht, sich mit Deutschland zu identifizieren. Als Deutschtürkin muss Özlem Topçu jedes Mal Stellung nehmen, wenn irgendwo auf der Welt ein islamistischer Terroranschlag geschieht. Sie wird dann als Muslimin wahrgenommen, nicht als Individuum und schon gar nicht als Deutsche. Bei Khuê Pham bestimmen die schwarzen Haare und der fremde Name die Wahrnehmung: Die Hautfarbe ist wichtiger als der deutsche Pass. Ganz anders ist es bei Alice Bota. Weil sie mit heller Haut, blauen Augen und dem Namen nicht auffällt, wird sie nicht als Migrantin wahrgenommen, obwohl die Jahre in Polen ein prägender Teil ihres Lebens sind.

Vom Pass, von der Sprache, von unserer Sozialisation her sind wir alle Deutsche; warum die eine fremd gemacht wird und die andere nicht, entscheiden andere nach wechselnden Kriterien. Die Ablehnung trifft mal die eine Gruppe, dann wieder die andere und seit einigen Jahren vor allem die Türken und Araber; was bleibt, ist das Gefühl, jederzeit ausgegrenzt werden zu können. Es gräbt sich als Minderwertigkeitskomplex in die Seele ein. Dort lauert es und flüstert: «In Wahrheit gehörst du nicht hierher.» Jedes Mal, wenn von Betrug, Überfällen und Anschlägen die Rede ist, zucken wir zusammen und hoffen, dass der Täter kein Muslim, kein Russe, kein Asiate, kein Pole ist. Wenn wir selbst mal beim Schwarzfahren erwischt werden, schämen wir uns. Jetzt bestätigen wir also wieder das schlechte Image von den Ausländern.

Freimachen können wir uns von diesem Denken nicht, egal, wie oft wir von Deutschen dafür gelobt werden, die Sprache so gut zu beherrschen oder so hervorragend integriert zu sein. Das Lob ist gut gemeint, aber es schmeichelt uns nicht. Es adressiert uns als Ausländer, die wir nicht sind. Es richtet sich an die Generation unserer Eltern, die es schwer fanden, Deutsch zu sprechen und deutsche Freunde zu finden. Doch wir sind hier aufgewachsen. Wir sprechen diese Sprache zehnmal besser als Polnisch, Türkisch oder Vietnamesisch. Wir sind die Kinder unserer Eltern, aber auch Kinder dieses Landes.

Jeder Vierte unter 25 hat einen Migrationshintergrund – eine zerrissene Generation wächst in Deutschland heran. Identifiziert sie sich mit diesem Land oder damit, nicht dazuzugehören? Will sie in dieser Gesellschaft etwas erreichen, oder will sie sich entziehen? In den letzten Jahren betonen immer mehr neue Deutsche ihren Platz hier, in Büchern wie «Sie sprechen aber gut Deutsch» oder dem «Manifest der Vielen». In deutsch-türkischen Vereinen wie der «deukischen Generation» oder in Forschungsprojekten, die sich «Heymat» nennen und hybride Identitäten untersuchen. Sie drehen Heimatfilme wie «Soulkitchen», sie beschreiben ein anderes deutsches Lebensgefühl; eines, das sich selbst benennen will. Es besteht nicht nur aus Wut über Ausgrenzung, sondern auch aus Sehnsucht nach Zugehörigkeit. Eine dritte Identität jenseits von Deutschsein und Fremdsein wächst heran.

Aber manche resignieren und schotten sich ab. Sie fühlen sich nicht akzeptiert, und sie akzeptieren Deutschland nicht. An den Schulen von Berlin-Kreuzberg und Neukölln, in denen türkisch- und arabischstämmige Schüler in der Mehrheit sind, berichten Lehrer davon, wie Deutsche fertiggemacht werden. Die Täter kommen überwiegend aus Familien, die sozial schwach sind, abgehängt. Die Eltern impfen ihnen Traditionen ein, an die sich ihre Kinder zu klammern lernen: Religion, Ehre, Patriarchat. Es sind Migranten der zweiten und dritten Generation, die nie in der alten Heimat gelebt haben, aber auch nie in Deutschland angekommen sind. Auch sie sind wütend, auch sie wollen irgendwo dazugehören. Aber sie heften ihren Blick starr auf ein Land, von dem sie in Wahrheit entfremdet sind.

Kann diese Gesellschaft zulassen, dass sie sich selbst zu Ausländern machen? Können wir uns leisten, dass neue Deutsche zu Fremden werden?

Berlin, Hauptstadt der Zukunft

Noch schaffen es nur wenige neue Deutsche nach oben, aber sie ziehen andere nach: Jeder Politiker, jeder Geschäftsmann, jeder Filmregisseur und Journalist, der sich in der Gesellschaft durchgesetzt hat, zeigt anderen, dass auch ein Einwandererkind ankommen kann. Man sieht es an den Karrieren von Cem Özdemir, Giovanni di Lorenzo, Fatih Akin und Dunja Hayali. Man kann sich in diesem Land von unten nach oben hocharbeiten. Man braucht dafür Ehrgeiz, Glück und Hilfe, aber es ist möglich.

Dank der weitgehend kostenlosen Schulen und Universitäten, dank der robusten Wirtschaft und der relativ niedrigen Arbeitslosigkeit ist Deutschland zu einem Land der Möglichkeiten geworden. In der globalen Finanz- und der europäischen Schuldenkrise ist es die derzeit einzige Wirtschaftsmacht in

Europa: Deutschland verkörpert einen neuen Traum von Stabilität und Aufstieg in einer unruhigen Zeit. Schon kommen junge Spanier, Griechen, Portugiesen und Italiener, oft Akademiker, die in ihrer Heimat keine Arbeit finden. Die nächste Einwanderungswelle hat begonnen, und sie ist europäisch. Diese Menschen können hier problemlos bleiben, denn sie sind Bürger der Europäischen Union. Möglich, dass sie die Vorboten einer neuen Generation von europäischen Migranten sind, die sich immer dort niederlassen, wo sie gerade Arbeit finden. Wie wird Deutschland mit diesen neuen Einwanderern umgehen?

In Berlin sieht man die Veränderung durch andere Menschen, andere Kulturen am deutlichsten. Seit einiger Zeit beschweren sich die Schwaben in Neukölln über die vielen Spanier, die in den Cafés herumsitzen. Es herrscht derselbe Mechanismus von Wir-Werdung und Ihr-Werdung wie überall: Die Spannungen zwischen Neuzugezogenen, Längerhiergewesenen und Schonewighierlebenden wird es immer wieder geben. Und immer wird darum gerungen werden, was sich auf keinen Fall ändern darf. In Teilen von Kreuzberg, Neukölln oder Wedding sind die Deutschtürken und Deutscharaber bereits in der Überzahl. Wegen der Schulen, die kaum noch Kinder von Deutschen besuchen; wegen der Gangs, die sich gegenseitig bekämpfen; wegen der Dichte an Hartz-IV-Empfängern und der Moscheen mit fundamentalistischen Predigern gelten diese Viertel als Problembezirke. Jene Einwandererfamilien, die bildungs- und aufstiegsbewusst sind, ziehen dort zunehmend weg. Sie ziehen zum Beispiel nach Schöneberg, dorthin, wo die deutsche Mittelschicht zu Hause ist. Die soziale Geographie verschiebt sich: In den bürgerlichen Vierteln Berlins wohnen zunehmend bürgerliche Migranten.

Berlin ist durch seine Araber, Italiener, Engländer und Israelis lebendiger und vielfältiger geworden. Türkische Teestuben, italienische Pizzerien und vietnamesische Bistros stehen neben Bäckereien, Kaufhäusern und Eckkneipen. Man kann im chinesischen Supermarkt einkaufen, französische Bücher ausleihen und mit amerikanischen Dragqueens den Eurovision Song Contest schauen; man kann aber auch in einem Biergarten zünftig essen, in das jüdische Museum gehen oder Beethoven in der Philharmonie hören. Die Migranten haben Berlin verändert, aber sie haben das Deutsche nicht verdrängt. Berlin gilt heute als weltoffen und aufregend. Sein Image ist cooler, kosmopolitischer und widersprüchlicher als das Image von Deutschland. Die Stadt, in der die Mauer fiel, hat sich zum Symbol für Aufbruch und Erneuerung gewandelt. Sie ist ein Beweis für die Chancen, die Veränderung bietet. Und sie beweist, dass Veränderung positiv sein kann.

Wahrscheinlich wird Deutschland in Zukunft Berlin immer ähnlicher. Es wird multikultureller werden und jünger, es wird soziale und kulturelle Spannungen aushalten müssen. Was deutsch ist, diese Frage stellt sich immer dringlicher. Wie viel stimmt noch von der alten Vorstellung? Die Frage, die Deutschland für sich nie beantwortet hat, stellt sich umso lauter: Was für eine Gesellschaft wollen wir sein?

Das heutige Deutschland ist immer noch mit seiner Vergangenheitsbewältigung beschäftigt. Das morgige Deutschland wird mit anderen Dingen beschäftigt sein, denn die Vergangenheit wird entrückter. Immer mehr Kinder werden in Migrantenfamilien groß, immer mehr wachsen mit einem anderen Geschichtsbewusstsein heran. Sie empfinden kein Schuldgefühl für den Holocaust, sie hatten keinen Opa in der Wehrmacht. Die Geschichten ihrer Eltern und Großeltern handeln von Kemal Atatürk, vom Vietnamkrieg und dem Fall der Sowjetunion, vom Schah, von der Teilung Koreas und dem Irakkrieg. Die einen beten in einer Moschee, die anderen in einem Tempel, die Dritten gar nicht. Manche werden zu Hause zu Gehorsam gegenüber Älteren und Loyalität gegenüber der Familie erzogen; manche zu Individualismus. Die Vorstellung davon, was *unsere* Geschichte, *unsere* Religion oder *unsere* Kultur ist, wird sich verändern. Erweitern.

Der innere Wandel wird von einem äußeren Wandel gespiegelt: Die Identität der Deutschen wird auch durch Europa internationaler. Immer mehr junge Deutsche machen ein Auslandssemester oder Praktika in Frankreich, Spanien oder Irland; sie sind mit den Möglichkeiten des grenzenlosen Europas aufgewachsen. 2011 fand das Umfrageinstitut Emnid heraus, dass sich 17 Prozent der Befragten eher als Europäer denn als Deutsche fühlen. Seitdem ist der Kontinent noch näher zusammengerückt: Die Schuldenkrise hat auf schmerzhafte Weise offenbart, wie eng die Wirtschaftssysteme der einzelnen Länder verflochten sind, nur eine gemeinsame Politik kann sie retten. Die Führungsrolle ist ausgerechnet Deutschland zugefallen; überrascht stellte die Bundesregierung fest, dass ihr die Nachbarländer trotz aller Kritik zutrauen, Europa zu retten.

Deutschland verändert sich von innen und außen. Es wird muslimischer, europäischer und komplizierter. Das ist ein Verlust, aber auch eine Chance. Eine Chance für eine deutsche Identität, die nicht auf Schuld und Scham, sondern auf Erneuerung und Vielfalt beruht. Die ein Gefühl wie Stolz möglich macht, ohne dass es sich schal anfühlt.

Neues Deutschland

In der Vergangenheit hat Deutschland schon mehrfach gewaltige Umbrüche erlebt. Es hat die Vertriebenen integriert, die einst fremd waren, fremder, als man sagen durfte. Die Italiener, die als Machos und Mafiosi galten. Die jüdischen Kontingentflüchtlinge, für deren Geschichte sich die Deutschen schämten. Die Ostdeutschen, diese ärmeren und unterdrückten Fremden mit derselben Sprache. Wenn man so will, hat es auch die Linken, die Grünen, die Feministinnen und die Schwulen integriert. All diese Gruppen gehörten zu Minderheiten, die tatsächlich oder nur scheinbar für andere Kulturen standen. Sie wurden als Spinner ausgelacht oder dafür verantwortlich gemacht, dass der Gesellschaft ein moralischer Kompass abhandengekommen sei, dass sie ihre christlichen Wurzeln verliere. Obwohl es sich um die unterschiedlichsten Gruppen handelte, waren die Vorbehalte gegen sie im Grunde dieselben: Die da bedrohen den gesellschaftlichen Frieden, die drücken der Gesellschaft fremde Werte auf, die machen die Traditionen kaputt. Diese Argumente werden auch heute noch verwendet, am häufigsten gegen Muslime.

Vieles von dem, das einst fremd war, ist nun selbstverständlich. Ausgerechnet in der schwarzgelben Regierung sitzen ein Schwuler, ein Rollstuhlfahrer und ein Waisenkind aus Vietnam; die Kanzlerin – eine Ostdeutsche, der Bundespräsident auch. Deutschland wird mittlerweile auf höchster Ebene von Menschen repräsentiert, die alles andere als typisch deutsch sind. Es gab da keinen politischen Willen, kein Projekt «tolerante Regierung». Es ist einfach geschehen, weil sich die Gesellschaft wandelt und damit auch die, die sie vertreten. Die

Bevölkerung hat sich an die ungewöhnlichen Biographien gewöhnt, sie nimmt sie kaum noch wahr. Die Angst vor Veränderung ist oft größer als die Veränderung selbst.

Wir hoffen, dass diese Gesellschaft ihre Einwanderer, vor allem die Muslime, genauso integrieren wird wie andere Gruppen auch. Wir glauben, dass die Veränderung durch Einwanderung geringer sein wird als von vielen befürchtet. Und wir wünschen, dass wir von anderen eines Tages ganz selbstverständlich als Deutsche behandelt werden. Dass wir als Teil dieser Gesellschaft begriffen werden und nicht als Fremde. Dass nicht unser Migrationshintergrund gesehen wird, sondern wir. Dass wir uns bald zutrauen, dieses Land «unser Deutschland» zu nennen.

Wir haben dieses Buch geschrieben, weil wir wütend waren. Während wir schrieben, wurde uns klar, dass unsere Wut sich aus unterschiedlichen Gefühlen speist: aus der Angst, nicht akzeptiert zu werden. Aus dem Stolz, etwas geleistet zu haben. Aus der Sehnsucht, heimisch zu werden. Im Grunde unterscheiden sich unsere Gefühle nicht stark von denen, die uns hier nicht wollen. Auch sie kämpfen um das, was sie als ihren Platz verstehen und ihre Heimat. Was wird aus diesen Gefühlen, wenn wir, die neuen Deutschen, mehr werden? Wird die Wut auf beiden Seiten wachsen? Oder wird sie abklingen, weil alle feststellen, dass die Veränderungen doch nicht so groß sind und wir uns daran gewöhnen?

Es fällt uns schwer, unsere eigene Gekränktheit zu hinterfragen: Warum fühlen wir uns so angegriffen, wenn andere nach unserer Herkunft fragen? Warum müssen wir uns immer wieder beweisen, vor anderen und vor uns selbst? Wann ist der Punkt erreicht, an dem wir uns dieselbe Gelassenheit und

Selbstverständlichkeit zulegen, die wir uns von anderen wünschen? Schaffen wir es, nachsichtig zu sein, wenn Deutsche unsere Herkunft belächeln – weil wir verstehen, dass unsere Biographien für andere schwer zu verorten sind? Schaffen wir es, jene zu respektieren, die auf unsere Kultur herabsehen – weil wir wissen, dass sie diese Kultur einfach nicht kennen? Können wir akzeptieren, dass wir als neue Deutsche nicht so wahrgenommen werden wie andere Deutsche, weil es noch Zeit braucht? Und können sie umgekehrt akzeptieren, dass Integration Zeit braucht? Dass auch wir hierhergehören? Dass wir das Land mit ihnen verändern?

Wir mögen ein anderes Verhältnis zu unseren Familien haben, wir mögen einen anderen Gott haben, wir mögen andere Sprachen sprechen. Aber wir drei haben festgestellt, dass unsere Grundwerte ziemlich deutsch sind: Unsere ideale Gesellschaft ist die liberale. Vielleicht schätzen wir sie so, weil unsere Eltern aus konservativen Gesellschaften kommen. Vielleicht ist Offenheit für uns so wichtig, weil es für uns in einer geschlossenen Gesellschaft keinen Platz gäbe. Vielleicht liegt uns Toleranz so am Herzen, weil wir diese verschiedenen Kulturen in uns tragen, die manchmal miteinander ringen und sich manchmal ergänzen.

Die Erfahrungen, die wir drei in diesem Land machen, stehen für die Erfahrungen von Millionen anderen neuen Deutschen. Sie stehen aber auch für die Erfahrungen von Millionen Deutschen. Wer kennt es nicht, das Gefühl, am falschen Platz zu sein, weil er aus einem anderen Milieu kommt, von einem anderen Ort? Wer kennt sie nicht, die Sehnsucht anzukommen, weil etwas in der Familie oder in einem selbst zerrissen ist? Wer kennt nicht den Wunsch aufzusteigen und die Angst abzusteigen? Der Wunsch, akzeptiert zu werden: Ist das nicht ein universeller Wunsch? Und ist nicht die Fähigkeit, andere zu akzeptieren, genauso universell?

Manchmal wissen wir nicht, wer wir sind. Manchmal wissen andere nicht, wer wir sind. Aber eines ist uns nun bewusst: Wir sind deutscher, als wir denken. Was kann daran schon schlimm sein?

Danksagung

Wir möchten vielen danken, ohne die dieses Buch nicht entstanden wäre:

Mathieu von Rohr für seine Zeit und Ehrlichkeit – er hat uns geholfen, diesem Buch eine Form zu geben. Jan Roß hat uns mit seiner Klarsicht dabei unterstützt, unsere eigenen Erfahrungen besser zu verstehen. Elisabeth Knoblauch, Jörg Lau und Heinrich Wefing danken wir für ihre wertvollen Anregungen, Ermutigungen und Kritik. Bernd Ulrich hatte die erste Idee für dieses Buch – danke dafür. Unserem Lektor Christof Blome möchten wir für seine klugen Gedanken, vor allem aber seine Geduld danken.

Sebastian Bolesch, Guido Gleinser, Julia Kimmerle, Marcus Krämer, Sibel Soycetin, Raniah Salloum, Sabine Wenzl und Christine Zerwes haben uns mit ihren Ideen, ihrer Aufmerksamkeit und ihrer Zuversicht sehr geholfen. Ihnen und unseren anderen Freunden werden wir nicht vergessen, dass sie an unser Projekt geglaubt haben, auch dann, wenn wir selbst zweifelten. Thies Rätzke danken wir für seine Kreativität und Ruhe.

Unsere Familien in Polen, der Türkei und Vietnam sind die wichtigste Verbindung in unsere anderen Länder. Sie werden es immer bleiben.

Unsere Geschwister Marc, Tuncer, Dang und Thi haben sich mit uns an die Familiengeschichten und Erfahrungen erinnert, die wir miteinander teilen. Eure Meinung lag uns besonders am Herzen.

Schließlich danken wir unseren Eltern für alle richtigen und falschen Entscheidungen, die sie für sich und uns getroffen haben. Ihnen ist dieses Buch gewidmet.